MATHÉMATIQUES

ET

MATHÉMATICIENS

PENSÉES ET CURIOSITÉS

Recueillies

PAR

A. REBIÈRE

PARIS

LIBRAIRIE NONY & C^i

17, RUE DES ÉCOLES, 17

—

1889

MATHÉMATIQUES

ET

MATHÉMATICIENS

Ce livre, sans figures et sans équations, peut être facilement parcouru par le lecteur. Nous espérons qu'il y trouvera quelque profit et quelque agrément.

Dans la première partie, qui est la plus importante, nous réunissons divers aperçus sur les Mathématiques, empruntés aux philosophes, aux historiens et surtout aux mathématiciens eux-mêmes.

Dans les deux parties suivantes, se trouvent les anecdotes, les paradoxes et les singularités.

Enfin les deux dernières parties contiennent un choix de Problèmes célèbres ou piquants.

Nous prions les personnes que le sujet du livre intéressera d'adresser leurs observations à notre éditeur.

A. R.

Tulle, le 20 septembre 1888.

MORCEAUX CHOISIS

ET PENSÉES

Les généralités qui suivent se rapportent aux principes, aux méthodes, à la classification, à l'enseignement et à l'histoire des Mathématiques. Nous les avons puisées à bonne source, dans les savants et les penseurs, anciens et modernes.

OBJET ET CARACTÈRE DES MATHÉMATIQUES

De quoi s'occupent les mathématiques, si ce n'est de la proportion et de l'ordre?

ARISTOTE.

Je me suis demandé d'abord ce qu'on entendait précisément par ce mot *mathématiques*, et pourquoi l'arithmétique et la géométrie seulement, et non pas l'astronomie, la musique, l'optique, la mécanique et tant d'autres sciences, passaient pour en faire partie : car il ne suffit pas de connaître l'étymologie du mot. En effet, le mot mathématique ne signifiant que science, celles que j'ai nommées ont autant de droit que la géométrie à être appelées mathématiques; et cependant il n'est personne qui, pour peu qu'il soit entré dans une école, ne puisse distinguer sur-le-champ, ce qui se rattache aux mathématiques proprement dites d'avec ce qui appartient aux autres sciences. Or, en réfléchissant attentivement à ces choses, j'ai découvert que toutes les sciences qui ont pour but la recherche de l'*ordre* et de la *mesure* se rapportent aux mathématiques, qu'il importe peu que ce soit dans les nombres, les figures, les astres, les sons ou tout autre objet qu'on cherche cette mesure, qu'ainsi il doit y avoir une science générale qui explique tout ce qu'on peut trouver sur l'ordre et la mesure indépendamment de toute application à une matière spéciale; et qu'enfin cette science est appelée d'un nom propre et depuis longtemps consacré par l'usage, par ce qu'elle contient ce pourquoi d'autres sciences sont dites faire partie des mathématiques.

DESCARTES.

Les spéculations mathématiques ont pour caractère commun et essentiel de se rattacher à deux idées ou catégories fondamentales : l'idée d'*ordre* sous laquelle il est permis de ranger... les idées de situation, de configuration, de forme et de combinaison; et l'idée de *grandeur* qui implique celles de quantité, de proportion et de mesure.

COURNOT.

La validité de l'analyse algébrique dépend, non de l'interprétation des symboles employés, mais uniquement des lois de leurs combinaisons... La mathématique abstraite et générale n'a pas seulement pour objet des notions de quantités numériques, géométriques ou mécaniques : elle traite des opérations en elles-mêmes, indépendamment des matières diverses auxquelles elles peuvent être appliquées.

LIARD.

Nous sommes donc parvenus maintenant à définir avec exactitude la science mathématique en lui assignant pour but la mesure *indirecte* des grandeurs, et en disant qu'on s'y propose constamment de *déterminer les grandeurs les unes par les autres d'après les relations précises qui existent entre elles.* Cet énoncé, au lieu de donner l'idée d'un *art*, caractérise immédiatement une véritable *science*, et la montre sur-le-champ composée d'un immense enchaînement d'opérations intellectuelles qui pourront évidemment devenir très compliquées, à raison de la suite d'intermédiaires qu'il faudra établir entre les quantités inconnues et celles qui comportent une mesure directe... D'après cette définition, l'esprit mathématique consiste à regarder toujours comme liées entre elles, toutes les quantités que peut présenter un phénomène quelconque, dans la vue de les déduire les unes des autres.

Aug. COMTE.

Les mathématiques offrent ce caractère particulier et bien remarquable que tout s'y démontre par le raisonnement seul, sans qu'on ait besoin de faire aucun emprunt à l'expérience, et que néanmoins tous les résultats obtenus sont susceptibles d'être confirmés par l'expérience, dans les limites d'exactitude que l'expérience comporte. Par là, les mathématiques réunissent au caractère de science rationnelle, celui de science positive, dans le sens que la langue moderne donne à ce mot.

COURNOT.

Les mathématiques forment pour ainsi dire un pont entre la métaphysique et la physique.

KANT.

Supposons pour un moment que les lois qui régissent le monde soient bouleversées; il n'y aura plus ni physique, ni chimie, ni histoire naturelle, mais il sera encore vrai que $(a + b)^2 = a^2 + 2ab + b^2$.

Quelques-uns ont prétendu que toute la partie des mathématiques qui n'est susceptible d'aucune vérification expérimentale devrait être transportée dans la philosophie. Tels seraient les nombres incommensurables et à plus forte raison les nombres négatifs et imaginaires. Mais on est arrivé à interpréter ces symboles d'une façon concrète, et du reste cette limitation si étroite et si arbitraire des mathématiques les restreindrait à presque rien.

Les figures géométriques sont de pures conceptions de l'esprit et cependant la géométrie n'est pas seulement une science spéculative très propre à développer les facultés intellectuelles....; mais elle est encore utile par ses nombreuses applications aux arts. Cela tient à ce que les volumes de certains corps, leurs surfaces, les portions communes à deux portions de ces surfaces peuvent être regardés comme étant *sensiblement* des volumes, des surfaces et des lignes géométriques.

COMPAGNON.

Les vérités géométriques sont en quelque sorte l'*asymptote* des vérités physiques, c'est-à-dire le terme dont celles-ci peuvent indéfiniment approcher, sans jamais y arriver exactement.

D'ALEMBERT.

SOCRATE. — Faisons donc une loi à ceux qui sont destinés chez nous à remplir les premières places de s'appliquer à la science du calcul, de l'étudier, non pas superficiellement, mais jusqu'à ce que, par le moyen de la pure intelligence, ils soient parvenus à connaître l'essence des nombres; non pour faire servir cette science, comme les marchands et les négociants, aux ventes et aux achats, mais pour l'appliquer aux besoins de la guerre, et faciliter à l'âme la route qui doit la conduire

de la sphère des choses périssables à la contemplation
de la vérité et de l'être.

GLAUCON. — Fort bien.

. . . .

SOCRATE. — Si l'on demande à ceux qui s'occupent
de cette science : « De quel nombre parlez-vous? Où
sont ces unités telles que vous les supposez, parfaitement égales entre elles, sans qu'il y ait la moindre
différence, et qui ne sont point composées de parties? »
Mon cher Glaucon, que crois-tu qu'ils répondent?

GLAUCON. — Je crois qu'ils répondraient qu'ils parlent
de ces nombres qui ne tombent pas sous les sens et
qu'on ne peut saisir autrement que par la pensée.

SOCRATE. — Ainsi, tu vois, mon cher ami, que nous
ne pouvons absolument nous passer de cette science,
puisqu'il est évident qu'elle oblige l'âme à se servir de
l'entendement pour connaître la vérité.

GLAUCON. — Il est certain qu'elle est merveilleusement
propre à produire cet effet.

SOCRATE. — As-tu aussi observé que ceux qui sont
nés calculateurs, ayant l'esprit de combinaison, ont
beaucoup de facilité pour presque toutes les autres
sciences et que même les esprits pesants, lorsqu'ils se
sont exercés et rompus au calcul, en retirent du moins
cet avantage d'acquérir plus de facilité et de pénétration?

GLAUCON. — La chose est ainsi.

SOCRATE. — Au reste, il te serait difficile de trouver
beaucoup de sciences qui coûtent plus à apprendre et à
approfondir que celle-là.

GLAUCON. — Je le crois.

SOCRATE. — Ainsi, par toutes ces raisons nous ne devons

pas la négliger; mais il faut y appliquer de bonne heure ceux qui seront nés avec un excellent naturel.

GLAUCON. — J'y consens.

PLATON.

Avec des définitions précises et des axiomes certains, la Mathématique établit des déductions sûres tant que le raisonnement se maintient dans les voies de l'évidence logique. C'est pourquoi la science des grandeurs porte, à l'exclusion de toute autre, le titre glorieux d' « exacte ».

Cela signifie surtout que, moins qu'aucune autre, elle est sujette à l'erreur. La perception a ses méprises, la conception ses lacunes, l'induction ses témérités, l'opinion ses dissidences, l'observation ses mécomptes, l'expérience ses égarements. Seule, la déduction ne trompe point, tant qu'elle suit la loi du raisonnement. La science qu'elle établit progresse avec plus ou moins de lenteur; mais ses vérités une fois démontrées, sont parfaites, définitives, et ne changent plus.

La théorie des grandeurs est l'unique exemple d'une construction scientifique ne laissant rien à désirer pour ce qui est démontré. A ce titre elle méritait le nom de « science par excellence » (*mathésis*) que les Grecs lui avaient donné. Elle est la science type, l'idéal de connaissance certaine proposé pour modèle à toutes les sciences de fait, mais dont celles-ci ne se rapprochent qu'en lui empruntant sa méthode et en subordonnant leurs mensurations à ses lois.

BOURDEAU.

Les Mathématiques ont des inventions très subtiles et qui peuvent beaucoup servir, tant à contenter les curieux qu'à faciliter tous les arts et à diminuer le travail des hommes.

DESCARTES.

Les objets de la Géométrie, disent-ils, n'ont aucune réalité et ne peuvent exister; des lignes sans largeur, des surfaces sans profondeur, un point mathématique c'est-à-dire sans longueur, largeur, ni épaisseur, sont des êtres de raison, de pures chimères. Il en est de même des figures dont la Géométrie démontre les propriétés; il n'y a et il ne saurait y avoir aucun cercle, aucune sphère parfaite : ainsi, concluent-ils, cette science ne s'occupe que d'objets chimériques et impossibles...

... Il importe peu aux Géomètres qu'il existe physiquement une sphère parfaite, un plan parfait; ces figures ne sont que les limites intellectuelles des grandeurs matérielles qu'ils considèrent, et ce qu'ils démontrent à l'égard de ces limites est d'autant plus vrai pour les corps matériels, qu'ils en approchent davantage...

... Mais insistera-t-on peut-être... demandera-t-on si ces corps doués de figures parfaites sont possibles?...

... Il suffit aux Géomètres que l'idée métaphysique de ces figures soit claire et évidente pour servir de fondement à leurs recherches, et pour que leurs con-

séquences jouissent de la même évidence et de la même clarté.
MONTUCLA.

Les ennemis de la Géométrie, ceux qui ne la connaissent qu'imparfaitement, regardent les problèmes théoriques, qui en forment la partie la plus difficile, comme des jeux d'esprit, qui absorbent un temps et des méditations qu'on pourrait mieux employer; opinion fausse et très nuisible au progrès des sciences, si elle pouvait s'accréditer. Mais, outre que les propositions spéculatives, d'abord stériles en apparence, finissent souvent par s'appliquer à des objets d'utilité publique, elles subsisteront toujours comme un des moyens les plus propres à développer et à faire connaître toutes les forces de l'intelligence humaine.
BOSSUT.

La science des grandeurs, considérée dans son ensemble, a une parfaite unité que le mot « Mathématiques » (au pluriel) paraît méconnaître, en faisant présumer un groupe de sciences plutôt qu'une science unique...

Il serait préférable, comme l'avait proposé Condorcet, et comme Auguste Comte en donne l'exemple, de dire « La Mathématique », afin de mieux marquer l'unité générale de la science des grandeurs. Il est d'ailleurs à noter que cette réforme nous remet dans le vrai courant de la langue. Le terme « Mathématique » était usité au XVIIe siècle et se lit trois fois dans une page de la notice sur Pascal par Mme Périer, sa sœur.
BOURDEAU.

Le matelot qu'une exacte observation de la longitude préserve du naufrage, doit la vie à une théorie conçue, deux mille ans auparavant (1), par des hommes qui avaient en vue de simples spéculations géométriques.

CONDORCET.

Si les hautes mathématiques sont d'un accès ardu, les principes fondamentaux restent à la portée de tous, et c'est assez pour les comprendre de ce bon sens que Descartes déclare « également réparti entre tous les hommes ».

J. COLLET.

Il y a dans les sciences mathématiques les plus hautes ..... de ces grandes lignes qui se dessinent assez nettement pour que tous les yeux puissent les apercevoir, sans qu'il soit nécessaire d'entrer dans le détail des procédés techniques...... pour faire comprendre la nature et l'importance des questions résolues et des progrès réalisés.

VALSON.

---

(1) Il s'agit des courbes appelées les *coniques*, déjà étudiées par les Grecs.

NOTIONS PRIMITIVES

On trouvera peut-être étrange que la géométrie (1) ne puisse définir aucune des choses qu'elle a pour principaux objets; car elle ne définit ni le mouvement, ni le nombre, ni l'espace; et cependant ces trois choses sont celles qu'elle considère particulièrement... Mais on n'en sera pas surpris, si l'on remarque que cette admirable science ne s'attachant qu'aux choses les plus simples, cette même qualité qui les rend dignes d'être ses objets, les rend incapables d'être définies; de sorte que le manque de définition est plutôt une perfection qu'un défaut, parce qu'il ne vient pas de leur obscurité, mais au contraire de leur extrême évidence...

... Quand elle (la géométrie) est arrivée aux premières vérités connues, elle s'arrête là et demande qu'on les accorde, n'ayant rien de plus clair pour les prouver; de sorte que tout ce que la géométrie propose est parfaitement démontré, ou par la lumière naturelle, ou par

---

(1) Le mot est pris ici dans le sens général de mathématiques; on dit de même géomètre pour mathématicien.

les preuves. De là vient que si cette science ne définit et ne démontre pas toutes choses, c'est par cette seule raison que cela nous est impossible.

... Se tenir dans ce milieu de ne point définir les choses claires et entendues de tous les hommes et de définir toutes les autres; et de ne point prouver toutes les choses connues des hommes, et de prouver toutes les autres. Contre cet ordre pèchent également ceux qui entreprennent de tout définir et de tout prouver, et ceux qui négligent de le faire dans les choses qui ne sont pas évidentes d'elles-mêmes.

PASCAL.

La figure est inhérente à l'objet, le nombre dépend de l'unité.

Les géomètres grecs spéculaient sur les grandeurs elles-mêmes, jamais sur leurs mesures.

C'est dans la sphère propre de l'esprit, et bien au delà des résultats de l'observation, non dans ces résultats eux-mêmes, qu'il faut chercher la véritable source des idées géométriques, quoique leur point d'application soit plus bas, dans la sphère expérimentale, là où la matière et l'esprit se joignent et où les idées, prenant corps, nous deviennent en quelque sorte palpables.

Le monde idéal a son autonomie, ses lois distinctes, comme le monde physique. Mais ils s'appellent l'un l'autre, l'harmonie règne entre eux, jusqu'à un haut degré d'approximation qui d'ailleurs nous échappe..

BOUSSINESQ.

L'espace étant nécessairement homogène, il suit qu'on peut le concevoir divisé en deux parties telles qu'on ne puisse rien dire de l'une qui ne puisse se dire également de l'autre ; telles de plus, que leur limite commune ait à chacune d'elles les mêmes rapports, soit qu'on la considère en son entier, soit qu'on n'en considère qu'une partie. C'est cette limite qu'on appelle *plan*, et le plan, comme l'espace, peut être conçu divisé en deux parties telles, qu'on ne puisse rien dire de l'une qui ne puisse se dire également de l'autre; telles, de plus, que leur limite commune ait à chacune d'elles les mêmes rapports, soit qu'on la considère en son entier, soit qu'on n'en considère qu'une partie...

BERTRAND, de Genève.

L'étude de la mécanique, succédant à celle de la géométrie, peut être considérée comme le développement de trois idées fondamentales, qui existent dans l'esprit humain antérieurement à tout enseignement scientifique : ce sont les idées de force, de temps et de masse. Ces idées sont irréductibles et on ne peut pas plus définir

2

la force, le temps ou la masse qu'on ne peut définir l'étendue.

On trouve, il est vrai, dans plusieurs auteurs, une définition de la force d'après laquelle c'est une cause capable de produire un mouvement. Mais c'est une véritable tautologie, attendu que l'idée de cause n'est pas plus générale que l'idée de force; les deux mots cause et force expriment des idées identiques.

Ch. SIMON.

MÉTHODES

1° N'entreprendre de définir aucune des choses tellement connues d'elles-mêmes, qu'on n'ait point de termes plus clairs pour les exprimer.

2° N'omettre aucun des termes un peu obscurs ou équivoques, sans définition.

3° N'employer dans les définitions que des termes parfaitement connus ou déjà expliqués.

4° N'omettre aucun des principes nécessaires, sans avoir demandé si on l'accorde, quelque clair et évident qu'il puisse être.

5° Ne demander en axiomes que des choses parfaitement évidentes d'elles-mêmes.

6° N'entreprendre de démontrer aucune des choses qui sont tellement évidentes d'elles-mêmes, qu'on n'ait rien de plus clair pour les prouver.

7° Prouver toutes les propositions un peu obscures, en n'employant à leur preuve que des axiomes très évidents d'eux-mêmes ou des propositions déjà démontrées ou accordées.

8° N'abuser jamais de l'équivoque des termes, en

manquant de substituer mentalement les définitions qui
les restreignent et les expliquent.

PASCAL.

Lorsque l'on aura à trouver la démonstration d'une
proposition énoncée, on cherchera d'abord si elle peut
se déduire comme une conséquence nécessaire de propositions admises, auquel cas, elle devra être admise
elle-même, et sera par conséquent démontrée. Si l'on
n'aperçoit pas de quelles propositions connues elle pourrait être déduite, on cherchera de quelle proposition
non admise elle pourra l'être, et alors la question sera
ramenée à démontrer la vérité de cette dernière. Si
celle-ci peut se déduire de propositions admises, elle
sera reconnue vraie, et par suite la proposée; sinon, on
cherchera de quelle proposition non encore admise elle
pourrait être déduite, et la question serait ramenée à
démontrer la vérité de cette dernière. On continuera
ainsi jusqu'à ce que l'on parvienne à une proposition
reconnue vraie: et alors la vérité de la proposée sera
démontrée.

On voit que cette méthode, que l'on appelle *analyse*,
consiste à établir une chaîne de propositions commen-
çant à celle qu'on veut démontrer, finissant à une proposition connue et telle qu'en partant de la première,
chacune soit une conséquence nécessaire de celle qui la
suit; d'où il résulte que la première est une conséquence
de la dernière, et par conséquent vraie comme elle.

La *méthode synthétique* consiste à partir de propositions

reconnues vraies, à en déduire d'autres comme conséquences nécessaires, de celles-ci de nouvelles, jusqu'à ce
qu'on parvienne à la proposée, qui se trouve alors
reconnue elle-même comme vraie. Elle n'est donc qu'une
méthode de déduction. D'où l'on voit que, si l'on connaissait la démonstration analytique d'un théorème, on
en obtiendrait immédiatement la démonstration synthétique en renversant l'ordre des propositions.

Duhamel.

Il est en mathématiques une méthode pour la recherche
de la vérité, que Platon passe pour avoir inventée,
que Théon a nommée analyse et qu'il a définie ainsi :
*Regarder la chose cherchée, comme si elle était donnée, et
marcher de conséquences en conséquences, jusqu'à ce que l'on
reconnaisse comme vraie la chose cherchée.* Au contraire, la
synthèse se définit : *Partir d'une chose donnée, pour arriver
de conséquences en conséquences à trouver une chose cherchée.*

Viète.

Voici, d'après la *Logique de Port-Royal*, quelques défauts
qui se rencontrent dans la méthode des géomètres :

1° Avoir plus de soin de la certitude que de l'évidence,
et de convaincre l'esprit que de l'éclairer.

2° Prouver des choses qui n'ont pas besoin de preuves.

3° Démonstration par l'impossible.

4° Démonstrations tirées par des voies trop longues.

5° N'avoir aucun soin du vrai ordre de la nature.

6° Ne point se servir de divisions et de partitions.

Il serait à désirer qu'on ne laissât pas autant dans l'oubli certains résultats des travaux des géomètres des siècles passés, et qu'on revînt un peu sur les principes presque toujours faciles et souvent ingénieux à l'aide desquels les grands hommes de ces temps-là y étaient parvenus; car ce ne sont pas tant les vérités particulières que les méthodes qu'il ne faut pas laisser périr.

PONCELET.

Pour bien faire sentir la différence entre les résultats de la méthode expérimentale et inductive et les résultats de la méthode mathématique, supposons qu'un malin génie... se plaise à nous embrouiller dans nos opérations, à créer ou à annihiler un objet entre nos doigts au moment où nous comptons quel nombre d'objets font deux groupes de cinq objets, à faire varier les angles du triangle que nous mesurons ou les angles du rapporteur qui nous sert d'unité de mesure : nous n'aurons aucun moyen de découvrir la supercherie, nous enregistrerons ingénument les divers résultats obtenus, et nous conclurons en toute sécurité de conscience, que les angles d'un triangle valent tantôt deux droits, tantôt plus, tantôt moins; et que cinq et cinq font, suivant les cas, dix, douze ou tout autre nombre.

Mais si nous avons une fois *démontré* rationnellement que cinq et cinq font dix, que les angles d'un triangle valent deux angles droits, alors, quand même un malin génie, intervenant lorsque nous voulons vérifier expérimentalement ces vérités, brouillerait nos comptes et nos mesures, nous n'en maintiendrions pas moins la vérité absolue de notre démonstration faite dans l'abstrait, et nous en conclurions seulement que, pour des raisons à nous inconnues, ces vérités se trouvent modifiées dans le concret par l'association, dans les objets réels, de propriétés de divers genres aux propriété mathématiques.

RABIER.

Les questions aisées doivent être traitées par des moyens également faciles; il faut réserver l'analyse savante pour les questions qui exigent les grands moyens et il ne faut pas ressembler à ce personnage de la Fable, qui, pour se délivrer d'une puce, voulait emprunter à Jupiter sa foudre ou à Hercule sa massue.

DELAMBRE.

C'est une remarque que nous pouvons faire dans toutes nos recherches mathématiques : ces quantités auxiliaires, ces calculs longs et difficiles où l'on se trouve entraîné, y sont presque toujours la preuve que notre esprit n'a point, dès le commencement, considéré les choses en elles-mêmes et d'une vue assez directe, puisqu'il nous faut tant d'artifices et de détours pour y arriver; tandis que tout s'abrège et se simplifie, sitôt qu'on se place au vrai point de vue.

POINSOT.

Il semble que dans l'état actuel des sciences mathématiques, le seul moyen d'empêcher que leur domaine devienne trop vaste pour notre intelligence, c'est de généraliser de plus en plus les théories que ces sciences embrassent, afin qu'un petit nombre de vérités générales et fécondes soit, dans la tête des hommes, l'expression abrégée de la plus grande variété de faits particuliers.

Charles Dupin.

Voulant résoudre quelque problème, on doit d'abord le considérer comme déjà fait, et donner des noms à toutes les lignes qui semblent nécessaires pour le construire, aussi bien à celles qui sont inconnues qu'aux autres. Puis, sans considérer aucune différence entre ces lignes connues et inconnues... on cherche à exprimer une même quantité en deux façons, ce qui se nomme une équation... On doit trouver autant de telles équations qu'on a supposé de lignes qui étaient inconnues.

Descartes.

Certaines parties d'une figure, considérées dans un état général de construction, peuvent être indifféremment réelles ou imaginaires. Or il arrive souvent que ces parties servent utilement, dans le cas de la réalité, à la démonstration d'un théorème, et que cette démonstration n'a plus lieu quand ces mêmes parties deviennent imaginaires. Alors on dit qu'en vertu du *principe de continuité* le théorème démontré dans le premier cas s'étend au second, et on l'énonce d'une manière générale. Quelquefois le contraire a lieu, et c'est quand certaines parties d'une figure sont imaginaires, que l'on y trouve les éléments d'une démonstration facile, dont on applique les conséquences, en vertu du *principe de continuité*, aux cas où ces mêmes parties sont réelles et où la démonstration n'existe plus.

CHASLES.

Un jour qu'il présidait un concours d'agrégation, Poisson, oubliant un instant le candidat qu'il avait à juger, prit la parole et développa ceci : qu'il y a en géométrie quatre méthodes : méthode de superposition ; méthode de réduction à l'absurde ; méthode des limites ; méthode infinitésimale. La superposition, disait-il, n'est applicable que dans très peu de cas ; la réduction à l'absurde suppose la vérité connue et prouve alors qu'il ne peut pas en être autrement, mais sans montrer pourquoi. La méthode des limites, plus généralement applicable que les deux autres, suppose la vérité connue, et ce n'est, par conséquent, pas davantage une méthode d'investigation ; ce sont trois méthodes de démonstration applicables chacune, dans certains cas, aux vérités déjà connues. Au contraire, la méthode des *infiniment petits* se trouve-être à la fois une méthode, générale et toujours applicable, et de démonstration et d'investigation.

GRATRY.

GÉOMÉTRIE ET ANALYSE

On a dit que la géométrie est l'art de *raisonner juste sur des figures fausses :* Une figure grossière n'est tracée que pour soutenir l'attention et on raisonne en réalité sur la figure idéale et parfaite.

Celui-là est indigne du nom d'homme, a dit Platon, qui ignore que la diagonale du carré est incommensurable avec son côté.

Cette troisième branche de la Géométrie, qui constitue aujourd'hui ce que nous appelons la *Géométrie récente,* est exempte de calculs algébriques, quoiqu'elle fasse un aussi heureux usage des relations numériques des figures que de leurs relations de situation ; mais elle ne considère que des rapports de distance rectiligne, d'un certain genre, qui n'exigent ni les symboles, ni les opérations de l'Algèbre. Cette Géométrie est la continuation de l'*Analyse géométrique* des anciens, sur laquelle elle offre d'immenses avantages par la généralité, l'uniformité et l'abstraction de ses méthodes et par l'usage si utile de la contemplation des figures à trois dimensions dans les simples questions de Géométrie plane.

CHASLES.

L'exactitude de toute relation entre des grandeurs concrètes quelconques est indépendante de la valeur des *unités* auxquelles on les rapporte pour les exprimer en nombres. Par exemple, la relation qui existe entre les trois côtés d'un triangle rectangle a lieu, soit qu'on les évalue en mètres, ou en lieues, ou en pouces, etc.

Il suit de cette considération générale, que toute opération qui exprime la loi analytique d'un phénomène quelconque doit jouir de cette propriété de n'être nullement altérée, quand on fait subir simultanément à toutes les quantités qui s'y trouvent le changement qu'éprouveraient leurs unités respectives. Or, ce changement consiste évidemment en ce que toutes les quantités de même espèce deviendraient à la fois m fois plus petites, si l'unité qui leur correspond devenait m fois plus grande, ou réciproquement. Ainsi, toute équation qui représente une relation concrète quelconque, doit offrir ce caractère de demeurer la même, quand on y rend m fois plus grandes toutes les quantités qu'elle contient, et qui expriment les grandeurs entre lesquelles existe la relation, en exceptant toutefois les nombres qui désignent des *rapports* mutuels de ces grandeurs, lesquels restent invariables dans le changement des unités. C'est dans cette propriété que consiste *la loi de l'homogénéité,* suivant son acception la plus étendue...

Auguste COMTE.

C'est une simplification intéressante de résoudre par le second livre de Géométrie un problème, placé ordinairement dans le troisième. Citons, par exemple, la circonférence passant par deux points et tangente à une droite. Nous voyons ainsi que l'ordre logique des propositions n'est pas aussi fixé qu'on l'admet généralement.

Les ressources puissantes que la Géométrie a acquises depuis une trentaine d'années sont comparables, sous plusieurs rapports, aux méthodes analytiques, avec lesquelles cette science peut rivaliser désormais, sans désavantage, dans un ordre très étendu de questions...

... Hâtons-nous de dire, cependant, pour éviter toute interprétation inexacte de notre but et de notre sentiment sur les deux méthodes qui se partagent le domaine des sciences mathématiques, que notre admiration pour l'instrument analytique, si puissant de nos jours, est sans bornes, et que nous n'entendons pas lui mettre en parallèle sur tous les points, la méthode géométrique. Mais, convaincu qu'on ne saurait avoir trop de moyens d'investigation dans la recherche des vérités mathématiques, qui toutes peuvent devenir également faciles et intuitives quand on a trouvé et suivi la voie étroite qui leur est propre et naturelle, nous avons pensé qu'il ne pouvait qu'être utile de montrer... que les doctrines de la pure Géométrie offrent souvent, et dans une foule de questions, cette voie simple et nouvelle qui, pénétrant jusqu'à l'origine des vérités, met à nu la chaîne mystérieuse qui les unit entre elles et les fait connaître individuellement de la manière la plus lumineuse et la plus complète.

CHASLES.

L'Algèbre plane pour ainsi dire également sur l'Arithmétique et sur la Géométrie : son objet n'est pas de trouver les valeurs mêmes des quantités cherchées, mais le système d'opérations à faire sur les quantités données pour en déduire les valeurs des quantités que l'on cherche. Le tableau de ces opérations, représentées par les caractères algébriques, est ce que l'on nomme en Algèbre une *formule*.

LAGRANGE.

« L'Algèbre est généreuse, a dit D'Alembert, elle donne souvent plus qu'on ne lui demande. » On interprète alors les solutions dites étrangères et qui sont celles du problème élargi, généralisé. Le calcul ne tient nul compte de nos restrictions.

Les extensions successives que l'on fait subir aux opérations et aux définitions mathématiques doivent

être soumises au principe de la permanence des règles
de calcul.

HANKEL.

Les *formules* sont un secours admirable pour l'esprit,
elles le dispensent de toute attention pénible, il n'a
qu'à les suivre : elles ne le dirigent pas seulement, elles
le portent. Il n'a besoin que de l'attention nécessaire
pour ne pas manquer à la formule et à ses règles et
cette attention est presque matérielle : elle est des yeux
plutôt que de l'esprit.

Les formules, en un mot, sont des espèces de machines avec lesquelles on opère presque machinalement.

On dit que l'*analyse* mathématique est un instrument.
Cette comparaison peut être admise, pourvu qu'on ad-
mette que cet instrument, comme le Protée de la Fable,
doit sans cesse changer de forme.

ARAGO.

L'emploi du calcul est comparable à celui d'un
instrument dont on connaît exactement la précision.

Bon FOURIER.

L'algèbre est la plus générale des sciences mathématiques, puisqu'elle étudie non pas *telle ou telle* quantité,
mais *la* quantité.

La géométrie n'est qu'une science mathématique particulière, puisque son objet, l'étendue, n'est qu'une sorte de quantité.

L'algèbre est à la fois un art et une science : une science parce qu'elle se compose d'un ensemble de vérités; et un art, parce qu'elle fournit un grand nombre de règles infaillibles pour résoudre un grand nombre de difficultés.

Arrivé à ce point, Descartes fut naturellement amené à penser que toute question de géométrie pouvait se ramener à une question d'algèbre, et il conjectura justement qu'à cause du caractère méthodique de l'algèbre une telle substitution serait toujours, ou du moins presque toujours, avantageuse. Telles furent les vues à la fois très élevées et très simples qui firent concevoir à Descartes le dessein d'appliquer l'algèbre à la géométrie.

. . . .

Les sciences mathématiques ne furent plus un assemblage de spéculations isolées; elles formèrent un corps dans lequel les parties furent dans une dépendance mutuelle et facile à saisir.

T. V. CHARPENTIER.

Les formules d'algèbre, dans leur étroite enceinte, contiennent toute la courbe dont elles sont la loi.

TAINE.

Le calcul n'est qu'un instrument qui ne produit rien par lui-même, et qui ne rend en quelque sorte que les idées qu'on lui confie. Si nous n'avons que des idées imparfaites, ou si l'esprit ne regarde la question que d'un point de vue borné, ni l'analyse, ni le calcul ne lui apporteront plus de lumière, et ne donneront à nos résultats plus de justesse ou plus d'étendue : au contraire, on peut dire que cet art de réaliser en quelque sorte par le calcul de vagues conceptions n'est propre qu'à rendre l'erreur plus durable, en lui donnant, pour ainsi dire, une sorte de consistance.

Poinsot.

Parmi les mathématiciens, les uns ont une prédilection exclusive pour les symboles les plus généraux et les plus abstraits et ils évitent les interprétations géométriques comme imparfaites et limitées ; les autres, au contraire, ne jugent claires et accessibles que celles des conceptions analytiques qui sont susceptibles d'une traduction concrète.

La théorie des opérations fictives sur les nombres négatifs et imaginaires, et l'appropriation à des usages pratiques et réels de ces calculs symboliques, constituent l'un des plus beaux titres de gloire des modernes.

Il n'est peut-être pas un géomètre distingué, depuis Viète, qui n'ait tenu à apporter sa pierre à l'édifice.

M. Marie.

Dans les opérations on peut distinguer le signe indiquant l'opération, le nombre, c'est-à-dire le sujet sur lequel on opère, et le résultat obtenu. On peut faire abstraction des deux dernières choses, qui paraissent pourtant les plus importantes, et ne raisonner que sur les *signes indicateurs*. On a alors des théorèmes, de nature philosophique, qui constituent le *calcul des opérations*.

Exemple : $\sqrt[m]{\sqrt[n]{}} = \sqrt[n]{\sqrt[m]{}} = \sqrt[mn]{}$.

Sitôt qu'un auteur ingénieux a su parvenir directement et simplement à quelque vérité nouvelle, n'est-il pas à craindre que le calculateur le plus stérile ne s'empresse d'aller la chercher dans ses formules, comme pour la découvrir une seconde fois et à sa manière, qu'il dit être la bonne et la véritable; de sorte qu'on ne s'en croit plus redevable qu'à son analyse, et que l'auteur lui-même, quelquefois peu exercé à ce langage et à ce symbole, sous lesquels on lui dérobe ses idées, ose à peine réclamer ce qui lui appartient et se retire presque confus, comme s'il avait mal inventé ce qu'il avait si bien découvert.

POINSOT.

L'algèbre est une langue bien faite, et c'est la seule. L'analogie, qui n'échappe jamais, conduit sensiblement d'expression en expression... La simplicité du style en fait toute l'élégance.

CONDILLAC.

LES NOMBRES, LES SYMBOLES

ET LES FONCTIONS

Aucun nombre entier élevé au carré ne donne 2, et l'on démontre qu'aucun nombre fractionnaire ne le donne non plus.

Nous résignerons-nous à conclure que 2 n'a pas de racine carrée?

Si nous nous bornons à dire que $\sqrt{2}$ est *incommensurable*, nous n'en donnons pas une définition.

Dirons-nous que $\sqrt{2}$ est le nombre qui multiplié par lui-même reproduit 2? Ce serait faire un cercle vicieux, puisque pour comprendre la multiplication par $\sqrt{2}$, il faut avoir préalablement défini $\sqrt{2}$.

Nous définissons d'abord la racine carrée de 2 à un dixième près, le plus grand nombre de dixièmes, dont le carré est contenu dans 2; nous définissons ensuite de même la racine carrée de 2 à un centième, à un millième près, etc.

La racine carrée est maintenant pour nous la *limite* de ses racines carrées à un dixième, à un centième près, etc.

Deux méthodes... Dans l'une, on essaye, à l'aide d'assimilation forcée, de *démontrer a priori* les règles — par +, et — par —. Dans l'autre, on *convient* de faire les opérations conformément... A la base de l'un des systèmes, des démonstrations impossibles ; à la base de l'autre, un aveu d'impuissance. Les deux méthodes péchaient du reste par un défaut commun : la prétention de faire connaître et de justifier un *moyen*, indépendamment du but à atteindre.

M. Marie.

Les signes + et — modifient la quantité devant laquelle ils sont placés, comme l'adjectif modifie le substantif.

Cauchy.

Il convient de considérer le signe — précédant un coefficient comme *soudé* au coefficient.

Le signe — s'explique en géométrie en rétrogradant et les solutions par — reculent là où les solutions par + avançaient.

Albert Girard, 1629.

A l'inverse des autres sciences, l'algèbre a une manière toute spéciale et bien caractéristique de traiter les impossibilités; si tel problème d'algèbre est impossible, si telle équation est insoluble, l'algèbre, au lieu de s'arrêter là pour passer à une autre question, accorde droit de cité à ces solutions impossibles et en enrichit son domaine au lieu de les exclure.

Le moyen qu'elle emploie est le *symbole*.

Dès les équations du premier degré à une inconnue, au lieu de diviser les équations en deux classes, suivant les valeurs des lettres qu'elles renferment, celles qui admettent une solution et celles qui n'en admettent pas, l'algèbre dit que toute équation du premier degré admet une solution, cette solution pouvant être négative ou infinie et étant, dans ces derniers cas, *symbolique*.

Dans un grand nombre d'équations du second degré, il semblerait qu'on doit être arrêté net, l'impossibilité se manifestant d'une manière pour ainsi dire absolue; l'algèbre admet pourtant ces solutions comme elle a déjà fait pour le premier degré, et, toujours à l'aide de symboles, elle donne droit de cité aux incommensurables et aux imaginaires.

De Campou.

Convenons de représenter à l'aide du symbole

$$(1) \qquad ai + bj + c = a'i + b'j + c'$$

la triple égalité

$$a = a', \quad b = b', \quad c = c',$$

sans attacher aux lettres i, j d'autre sens que celui de séparation. Les signes i, j, qui pourraient être en plus grand nombre, ont reçu de Cauchy le nom de *clefs*. Les formules telles que (1) portent le nom d'*égalités symbo-*

liques, et l'on dit, pour abréger le langage, que a et a' sont les coefficients de i et que b et b' sont les coéfficients de j. L'ensemble des quantités qui forme le premier membre de la formule (1) s'appelle une *quantité imaginaire*.

Ainsi, pour nous, une quantité imaginaire se compose de l'ensemble de plusieurs nombres qui, dans un calcul ultérieur, doivent être respectivement égalés à des nombres donnés.

. . . .

Les clefs tendent à s'introduire tous les jours davantage dans l'analyse; leur emploi donne beaucoup d'élégance et de simplicité au calcul...

De toutes les clefs, celle qui a été le mieux étudiée, celle qui est le plus anciennement connue, est celle que l'on est convenu de représenter par le symbole $\sqrt{-1}$.

. . . .

Hamilton est le créateur d'un système d'imaginaires auxquelles il a donné le nom de *quaternions*; ces imaginaires contiennent trois clefs : elles sont par conséquent de la forme

$$ai + bj + ck + d.$$

. . . .

Autrefois, les quantités imaginaires avaient en elles quelque chose de fantastique : elles ne représentaient rien, elles servaient d'instrument dans les recherches; mais à la suite d'une découverte due à l'emploi des imaginaires, les géomètres amis de la rigueur réclamaient une confirmation du résultat obtenu, par d'autres voies : c'est ce qui a valu leur nom à ce genre de quantités.

H. LAURENT.

Je montre au début ce qui constitue vraiment la ligne de séparation de l'arithmétique et de l'algèbre.

Tant que les grandeurs ne sont considérées que dans leurs *modules,* c'est-à-dire dans leurs rapports abstraits avec l'unité choisie, on fait de l'arithmétique ou de l'arithmologie. On établit les règles de calcul sur les modules ou sur les nombres; on étudie les propriétés diverses des nombres entiers auxquels tous les autres se ramènent.

Quand, à la considération du module, on joint celle de la direction et que l'on représente les grandeurs directrices par un symbole complexe qui donne à la fois le module et l'*argument,* c'est-à-dire un signe marquant nettement le sens de la grandeur, on fait de l'algèbre.

Les grandeurs directrices que l'on étudie dans les diverses branches des sciences peuvent être classées en plusieurs groupes :

1° Les unes, et c'est le plus grand nombre, ne sont susceptibles que de deux sens opposés l'un à l'autre… On pourrait les désigner sous le nom de grandeurs *diodes…*

2° D'autres grandeurs, qu'on pourrait nommer *polyodes,* peuvent avoir toute direction, soit sur un plan, soit dans l'espace…

… On les représente par des droites de longueurs déterminées suivant leurs modules, portées dans certaines directions, à partir d'un point-origine.

Il faut distinguer particulièrement les grandeurs *polyodes planes…* Ces grandeurs polyodes planes comprennent évidemment les grandeurs diodes, comme cas particulier.

3° Les grandeurs absolues, dans l'étude desquelles l'idée de direction n'intervient pas, peuvent aussi être regardées comme un cas particulier des grandeurs polyodes planes, car on peut toujours représenter leur module par la longueur d'une droite et porter ce module dans une même direction, sur un axe indéfini, à partir d'une origine fixe. Les grandeurs absolues ainsi représentées pourraient être appelées *monodes*.

. . . .

L'algèbre, comme nous l'entendons, a pour but de donner les règles de calcul des grandeurs polyodes planes...

. . . .

Les considérations un peu nouvelles que j'ai développées... renferment implicitement les règles du calcul des *équipollences* de M. Bellavitis.

Les idées philosophiques qui m'ont guidé... me conduisaient naturellement à la considération des symboles propres à représenter les grandeurs polyodes de l'espace, c'est-à-dire aux *quaternions* d'Hamilton.

J. BOURGET.

✤✤✤

Dans une même question, on a souvent à considérer deux sortes de grandeurs, les constantes et les variables. Une *constante* possède une valeur fixe et déterminée ; une *variable* peut recevoir successivement diverses valeurs.

Une quantité est dite *fonction* d'une autre quantité, lorsqu'elle varie avec elle et qu'elle acquiert une ou plusieurs valeurs déterminées pour chaque valeur attribuée à *la variable*.

✤✤✤

La science, en tant qu'elle n'envisage que les éléments isolés de l'objet, peut être nommée *statique;* en tant qu'elle compare les éléments et cherche comment les variations des uns déterminent les variations des autres, elle est *dynamique,* car elle représente alors le mouvement même des choses et les suit dans leur développement. Cette distinction fondamentale permet de classer les connaissances humaines en deux catégories bien nettes et en montre aussi le point de contact : le *nombre,* ou rapport invariable, la *fonction,* ou rapport variable, résument en deux mots les deux faces de la science.

LAUGEL.

On étudie, en mathématiques, une fonction pour elle-même. Peut-être plus tard un phénomène mieux connu s'exprimera par cette fonction. Béranger a dit :

> Combien de temps une pensée,
> Vierge obscure, attend son époux !

Dans sa métaphysique des concepts mathématiques, Paul du Bois-Raymond fait disserter *l'idéaliste* et *l'empiriste* sur les fonctions, les limites, les infiniment petits, etc. Ce dialogue subtil, long et parfois obscur, a été traduit de l'allemand par M. G. Milhaud.

LA LIMITE, L'INFINIMENT GRAND

ET L'INFINIMENT PETIT

~~~~~~~~

On appelle *limite* d'une grandeur variable, une grandeur fixe dont la grandeur variable se rapproche indéfiniment, de façon à pouvoir en différer aussi peu qu'on voudrait, mais sans jamais l'atteindre.

On appelle *infiniment petit* une quantité variable qui a pour limite zéro.

※

La notion de l'infini, dont il ne faut pas faire un mystère en Mathématiques, se réduit à ceci : Après chaque nombre entier, il y en a un autre.

<div align="right">J. TANNERY.</div>

※

Pourquoi les infiniment petits resteraient-ils un secret du sanctuaire pour beaucoup d'hommes éclairés, lorsqu'il serait si facile de leur faire comprendre ce qu'il leur importe d'en connaître ?

<div align="right">COURNOT.</div>

※
~~~~~~~~

On est conduit à l'idée des infiniment petits, lorsqu'on considère les variations successives d'une grandeur soumise à la loi de continuité. Ainsi le temps croît par des degrés moindres qu'aucun intervalle qu'on puisse assigner, quelque petit qu'il soit. Les espaces parcourus par les différents points d'un corps croissent aussi par des infiniment petits, car chaque point ne peut aller d'une position à une autre sans traverser toutes les positions intermédiaires; et l'on ne saurait assigner aucune distance, aussi petite que l'on voudra, entre deux positions successives. Les infiniment petits ont une existence réelle; ils ne sont pas seulement un moyen d'investigation imaginé par les géomètres.

POISSON.

Le cercle n'est que le composé d'une infinité de triangles dont le sommet est au centre et dont les bases forment la circonférence; le cône est composé d'une infinité de pyramides, appuyées sur des triangles infiniment petits de la base circulaire et ayant leur sommet commun avec celui du cône, tandis que le cylindre de même base et de même hauteur est formé d'un pareil nombre de petits prismes appuyés sur les mêmes bases et ayant même hauteur qu'elles.

KEPLER.

Les quantités sont appelées *infinitésimales* non point parce qu'on les regarde comme très petites, ce qui est fort indifférent, mais parce qu'on peut les considérer comme aussi petites que l'on voudra, sans qu'on soit obligé de rien changer à la valeur des quantités, telles que les paramètres, les coordonnées, normales, sous-tangentes, rayons de courbure, etc., dont on cherche la relation. Il suit de là que toute quantité dite *infiniment petite* peut se négliger dans le courant du calcul, vis-à-vis de ces mêmes quantités dont on cherche la relation, sans que le résultat du calcul puisse en aucune manière s'en trouver affecté.

Laz. CARNOT.

MATHÉMATIQUES APPLIQUÉES

Le vaste champ des mathématiques embrasse, d'une part, les théories abstraites; de l'autre, leurs nombreuses applications. Par cette dernière face, elle intéresse au plus haut degré la généralité des hommes ; aussi les voit-on à toutes les époques, cherchant, suggérant, proposant sans cesse de nouveaux problèmes, puisés dans l'observation des phénomènes naturels ou dans les besoins de la vie commune...

ARAGO.

L'étude approfondie de la nature est la source la plus féconde des découvertes mathématiques. Non seulement cette étude, en offrant aux recherches un but déterminé, a l'avantage d'exclure les questions vagues et les calculs sans issue, elle est encore un moyen assuré de former l'Analyse elle-même, et d'en découvrir les éléments qu'il nous importe le plus de connaître et que cette science doit toujours conserver : ces éléments fondamentaux sont ceux qui se reproduisent dans tous les effets naturels.

Bon FOURIER.

Les *Mathématiques pures* se bornent à spéculer sur les grandeurs abstraites. Elles forment une science de raisonnement qui se déduit de notions primitives, d'axiomes, sans rien emprunter à l'expérience. Ses branches sont l'arithmétique, la géométrie et l'analyse (algèbre et calcul infinitésimal).

La mécanique et l'astronomie forment ce qu'on appelle les *mathématiques mixtes*.

Viennent ensuite les nombreuses branches des *mathématiques appliquées*. Nous allons rapidement énumérer les principales.

❧❧❧

Calcul des probabilités. — La théorie des probabilités, a dit Laplace, n'est que le bon sens réduit en calcul : elle fait apprécier avec exactitude, ce que les esprits justes sentent par une sorte d'instinct.

Le calcul des probabilités est utile dans toutes les sciences et aussi dans la vie sociale.

❧❧❧

Physique mathématique. — La physique, enfin maîtresse de ses principes, tend à s'absorber dans les mathématiques. On fait la théorie analytique de la chaleur, de l'électricité, de la lumière, etc.

La chimie suit déjà le bon exemple, grâce à la thermochimie.

❧❧❧

Statistique et économie politique. — Quelques lois ont été découvertes, il y a tendance à plus de précision dans ces utiles études.

Cependant Cournot et Walras se sont trop pressés d'appliquer l'algèbre à des données encore un peu flottantes ; on dit assez heureusement que la monnaie sert de dénominateur commun aux diverses valeurs.

❧❧

Loterie ; jeux. — On peut raisonner les chances de la loterie et du jeu, mais on ne corrige guère les amateurs. Du moins, la science a-t-elle obtenu la suppression de la Loterie d'État.

Quant aux jeux de combinaison, ils se rattachent à la géométrie et à l'analyse indéterminée

❧❧

Arithmétique appliquée et commerciale. — Il faut considérer, non comme théorie, mais comme applications, les règles de trois, d'alliage, de partage, etc., et le système métrique.

D'autre part, la tenue des livres de commerce a une grande importance pratique.

❧❧

Finances. — Intérêts simples et composés; annuités; banques, établissements de crédit et de prévoyance; assurances sur les choses et sur la vie; rentes viagères.

La Bourse.

Répartition des impôts; budget, etc.

Calcul mental. — Il est bon d'acquérir une certaine habileté à calculer de tête, sans chiffrer hors de propos.

Il y a quelques méthodes, mais c'est surtout affaire d'exercice.

Géométrie et trigonométrie pratiques. — Comme en arithmétique, on mêle trop, en géométrie, les applications à la théorie.

Instruments pour les tracés sur le papier et sur le terrain.

Arpentage, levé de plan, nivellement; le Cadastre; partage des terrains, etc.

Les divers mesurages : métrage, cubage, fûts, troncs d'arbre, tas de pierres, etc.

Application de la trigonométrie au levé des plans.

Géométrie descriptive. — Par la méthode des projections, on peut représenter rigoureusement par un tracé plan les figures et les constructions dans l'espace.

Application aux ombres, à la perspective, à la charpente, à la coupe des pierres, etc.

Dessins. — Les divers dessins constituent une langue très étendue et très expressive.

Le dessin dit géométrique l'emporte sur les autres par sa précision.

⁂

Les graphiques. — Une courbe, parlant aux yeux, résume de nombreuses observations numériques. Aussi se sert-on, dans toutes les études, de ces tracés commodes.

Par exemple, les guides de chemins de fer donnent bien des résultats isolés, mais les employés s'aident de graphiques pour se rendre compte des rapports entre les divers trains.

⁂

Arts mécaniques. — Il convient que l'ouvrier sache raisonner ses mesures et ses tracés, au lieu de se servir de règles empiriques et de patrons.

Ferblantiers, menuisiers, tourneurs, etc.

⁂

Les machines. — Quelle variété, quelle délicatesse et quelle puissance, depuis les machines à coudre, à calculer, à écrire, jusqu'aux machines qui soulèvent les cuirassés ou creusent le Panama !

⁂

Constructions civiles et militaires. — C'est aux ingénieurs et aux architectes que nous devons surtout notre civilisation matérielle.

Ponts et chaussées, chemins de fer, canaux, construction des monuments, etc.

Géographie, navigation. — Cartes géographiques, surtout celle de l'État-Major.

Topographie, géodésie, etc.

Constructions navales, conduite du navire (déterminer à un moment quelconque la position et la route); tables astronomiques, etc.

Chronologie, horlogerie, gnomonique. — Calendrier, comput ecclésiastique; montres, horloges, chronomètres; cadrans solaires.

Arts militaires. — Le fusil et le canon perfectionnés; balistique ou question du tir.

Stratégie, dont le problème dépend d'éléments si variés.

Après trente ans de travail, le regretté M. Sonnet a publié sous le titre de *Dictionnaire des mathématiques appliquées,* en un seul volume, le plus riche et le plus précis des répertoires connus sur ces matières.

SYSTÈME MÉTRIQUE

La réflexion et l'expérience font connaître les *conditions d'un bon ensemble de mesures.* Nous allons passer en revue les plus importantes de ces conditions et justifier ainsi l'excellence des mesures métriques.

1° *Unités parfaitement définies et fixes.* — Les anciennes mesures de longueur se déduisaient des dimensions du corps humain (toises, coudées, mains, pouces, doigts, etc.) ou des dimensions de certains temples. Ces bases étaient vagues et variables, les modèles n'en étaient pas arrêtés. On a pu dire que, sous l'ancien régime, il y avait autant d'arpents et de boisseaux que de villages. — Le mètre, fraction déterminée de la circonférence terrestre, est une longueur précise, immuable, indépendante du temps et des nations. « On retrouverait le mètre, dit Arago, quand même des tremblements de terre, des cataclysmes épouvantables viendraient à bouleverser notre planète et à détruire les étalons prototypes religieusement conservés aux Archives. »

2° *Unités d'espèces différentes liées entre elles.* — La géométrie ramène la mesure des surfaces et des volumes à la mesure de certaines longueurs, qu'on appelle les dimensions de ces figures. Les règles simples qu'on établit supposent qu'on prend pour unités les carrés et les cubes construits sur l'unité linéaire. — On se servait de la toise carrée et de la toise cube, avant de connaître le mètre carré et le mètre cube. — Il y a plus, les unités de poids et de monnaie dérivent aussi du mètre, quoique moins directement. On pourrait, à la rigueur, avec les monnaies, peser les corps et mesurer les longueurs. Nos mesures s'enchaînent ainsi complètement et leur ensemble mérite le nom de *système*.

3° *Unités assez nombreuses pour chaque espèce de grandeur.* — Il convient de rapporter chaque grandeur particulière à une unité proportionnée, parce que l'esprit ne voit clairement et rapidement que les nombres ordinaires, ni trop grands ni trop petits. De là l'utilité d'unités secondaires, substituées souvent à l'unité principale. — Nous avons actuellement des multiples et des sous-multiples de chaque unité; la plupart sont des instruments-effectifs de mesurage, tandis que les autres ne sont pas fabriqués (huit règles pour les longueurs, treize vases pour les capacités, vingt-quatre poids et quatorze monnaies)!

4° *Unités de même nature liées simplement.* — Dans l'ancien système, l'échelle était parfois bizarre et variable d'un genre d'unité à un autre (exemple : les longueurs et les poids). De là le *calcul des nombres complexes*, assez pénible, malgré les simplifications provenant des diviseurs de douze. — Les unités nouvelles procèdent toutes de dix en dix, comme notre système de numération. Les grandeurs s'expriment par suite en nombres décimaux, aussi faciles à combiner que les entiers. Les changements d'unité se traduisent par un simple déplacement de la virgule. — On comprend pourquoi le système métrique s'appelle aussi système *décimal* des poids et mesures. (On avait même proposé de diviser décimalement le temps, jour de vingt heures, heures de cent minutes, etc., et le cercle en quatre cents grades de cent minutes chacun, etc.)

5° *Nomenclature expressive et ne comprenant qu'un petit nombre de mots.* — Les mesures antérieures portaient des noms très variés et n'indiquant pas les rapports, qu'il fallait retenir à part. — Nous n'avons maintenant que six mesures principales, le mètre, l'are, le litre, le stère, le gramme et le franc; à ces six mots il suffit de joindre sept abréviations, tirées du grec et du latin, pour composer les noms des multiples et des sous-multiples. *Déca* signifie dix, *hecto* cent, *kilo* mille, *myria* dix mille; *déci* signifie dixième, *centi* centième et *milli* millième. Dès qu'on parle du décamètre et du décimètre, chacun se rappelle qu'il s'agit de dix mètres et du dixième du mètre. — Cependant, quelque commode que soit la nomenclature précédente, elle n'est pas essentielle au système métrique, qui réside dans les choses et non dans les mots.

6° *Mesures obligatoires et soigneusement contrôlées.* — Depuis 1840, les mesures métriques sont définitivement imposées par la loi, sur tout le territoire français, et les dénominations mêmes des anciennes mesures sont prohibées. Les instruments de mesure sont conformes à des modèles dont les règlements précisent la valeur, les dimensions, la forme et la substance. Sur ces mesures sont inscrits non seulement le nom de la mesure mais encore celui du fabricant responsable, et ces instruments sont soumis à un contrôle au début, puis à un contrôle périodique, faits par des *vérificateurs des poids et mesures*.

— Notre système justifie la qualification de système *légal* des poids et mesures.

7° *Système offrant un caractère international.* — Base ne dépendant d'aucune nationalité particulière, puisqu'elle est prise dans la nature. Organisation par des savants de tous les pays qui ont signé les rapports et se sont distribué cent douze des mètres nouveaux. Mots provenant d'une langue morte, du grec ou du latin. « Si la mémoire des travaux venait à s'effacer, dit Laplace, si les résultats seuls en étaient conservés, ils n'offriraient rien qui pût faire connaître quelle nation en a eu l'idée, en a suivi l'exécution. » — L'adoption par tous les peuples des mêmes mesures faciliterait grandement les relations commerciales et scientifiques. Le système métrique est déjà adopté, entièrement ou partiellement, par les pays suivants : Belgique, Hollande, Espagne, Portugal, Grèce, Allemagne, Danemark, Suède, Mexique, Brésil, Républiques de l'Amérique du Sud, Égypte, etc. Ajoutons que dans les États anglais et dans les États-Unis l'usage de nos mesures est facultatif.

GÉOMÉTRIE DESCRIPTIVE

Une figure plane peut être représentée sur une surface plane sans aucune altération dans les proportions de ses parties.

... Il n'en est pas de même d'un corps à trois dimensions, d'un corps ayant longueur, largeur et profondeur. Sa représentation sur une surface plane est inévitablement altérée. Des lignes qui sur le corps sont égales entre elles, peuvent être extrêmement inégales dans la représentation plane. Les angles formés dans l'espace par les arêtes ou par les diagonales du corps n'éprouvent pas de moindres altérations comparatives, quand elles viennent à être figurées sur un plan.

. . . .

Des hommes de génie, Desargues en tête, réussirent enfin à rattacher aux règles de la géométrie élémentaire la plupart des méthodes, des tracés en usage dans la coupe des pierres et dans la charpente. Malheureusement leurs démonstrations étaient longues, embarrassées; elles devaient toujours rester hors de la portée des simples ouvriers.

A quoi tenaient ces complications? Elles tenaient à ce qu'on était obligé de créer la science tout entière, à l'occasion de chaque problème. Adoptez cette méthode dans telle autre branche quelconque des mathématiques, et la plus inextricable confusion en sera aussi la conséquence inévitable.

.   .   .   .

Monge débrouilla ce chaos. Il fit voir que les solutions graphiques de tous les problèmes de la géométrie à trois dimensions se fondaient sur un très petit nombre de principes qu'il expose avec une merveilleuse clarté. Désormais aucune question, parmi les plus complexes, ne devait être l'apanage exclusif des esprits d'élite; avec des instruments bien définis et une méthode de recherche uniforme, la géométrie descriptive dont Monge devint le créateur, pénétra jusque dans les rangs nombreux de la classe ouvrière.

ARAGO.

La Descriptive est une langue nécessaire à l'homme de génie qui conçoit un projet, à ceux qui doivent en diriger l'exécution, aux artistes qui doivent eux-mêmes en exécuter les différentes parties.

MONGE.

Une branche considérable de la géométrie, qui se recommande par des applications nombreuses, et que cultivaient par instinct plutôt que méthodiquement tous les ouvriers employés aux arts de construction, a été réduite en corps de doctrine... On sent qu'il s'agit ici de la théorie et de la pratique des opérations qui résultent de la combinaison des lignes, des plans et des surfaces dans l'espace, et que M. Monge a fait connaître sous le nom de *géométrie descriptive*. La coupe des pierres, la charpente, certaines parties de la fortification et de l'architecture, la perspective, la gnomonique : en un mot, toutes les parties des mathématiques, soit pures, soit appliquées, dans lesquelles on considère l'espace avec ses trois dimensions, sont du ressort de ce complément nouveau de la géométrie élémentaire qui jusque-là s'était arrêtée à la mesure des aires et des volumes... Ce n'est pas qu'avant M. Monge les géomètres n'eussent connu la méthode des projections et ne l'eussent employée à la résolution de plusieurs problèmes..., mais cette théorie... n'avait pas encore cette indépendance et cet enchaînement de questions qui en ont fait une véritable science...

DELAMBRE.

Selon la manière dont la position des sommets des angles d'un solide est définie, la construction de leurs projections peut être plus ou moins facile, et la nature de l'opération doit dépendre de celle de la définition. Il en est précisément de cet objet comme de l'Algèbre, dans laquelle il n'y a aucun procédé général pour mettre un problème en équations. Dans chaque cas particulier, la marche dépend de la manière dont la relation entre les quantités données et celles qui sont inconnues est exprimée ; et ce n'est que par des exemples variés que l'on peut accoutumer les commençants à saisir ces relations et à les écrire par des équations. Il en est de même pour la Géométrie descriptive. C'est par des exemples nombreux et par l'usage de la règle et du compas dans les salles d'exercice que l'on peut acquérir l'habitude des constructions, et qu'on s'accoutume au choix des méthodes les plus simples et les plus élégantes, dans chaque cas particulier. Mais aussi, de même qu'en Analyse, lorsqu'un problème est mis en équations, il existe des procédés pour traiter ces équations, et pour en déduire les valeurs de chaque inconnue ; de même aussi, dans la Géométrie descriptive, lorsque les projections sont faites, il existe des méthodes générales pour construire tout ce qui résulte de la forme et de la position respective des corps.

Ce n'est pas sans objet que nous comparons ici la Géométrie descriptive à l'Algèbre; ces deux sciences ont les rapports les plus intimes. Il n'y a aucune construction de Géométrie descriptive, qui ne puisse être traduite en Analyse; et lorsque les questions ne comportent pas plus de trois inconnues, chaque opération analytique peut être regardée comme l'écriture d'un spectacle en géométrie.

MONGE.

MÉCANIQUE

On connaît la déclaration attribuée à Archimède :
« Donnez-moi un point d'appui et je soulèverai le
monde. » Je ne veux pas en contester la beauté litté-
raire, mais quand on songe au nombre de tentatives
insensées dont elle a été la cause, il peut être permis de
dire que, scientifiquement, elle est absolument vaine...

Privat-Deschanel.

On ne gagne rien avec les instruments, d'autant que,
si l'on applique une petite force à un grand fardeau,
il faut beaucoup de temps, et que, si on veut le transporter en peu de temps, il faut une grande force...

Néanmoins les machines sont utiles, pour mouvoir de
grands fardeaux tout d'un coup sans les diviser, parce
que *l'on a souvent beaucoup de temps et peu de force.*
Mais celui-là se tromperait qui voudrait abréger le
temps en n'usant que d'une petite force, et montrerait
qu'il n'entend pas la nature des machines ni la raison
de leurs effets...

Il faut conclure de tout ce discours que *l'on ne peut
rien gagner en force qu'on ne le perde en temps*, et consé-
quemment que ceux qui travaillent à suppléer la force

et le temps tout ensemble, ne méritent nullement d'avoir
du temps, puisqu'ils l'emploient si mal.

GALILÉE.

On pousse un corps avec la main, et l'on voit qu'il
se meut dans une direction définie. A première vue,
il semble qu'il n'y ait pas moyen de douter de la réalité
de son mouvement ni de la direction qu'il suit. Cependant il est facile de montrer que, non seulement, nous
pouvons avoir tort, mais que d'ordinaire nous avons
tort de porter l'un ou l'autre de ces deux jugements. Voici
par exemple un vaisseau que, pour plus de simplicité,
nous supposerons mouillé à l'équateur, l'avant tourné
vers l'ouest. Quand le capitaine va de l'avant à l'arrière,
dans quelle direction se meut-il? Vers l'est, répondra-
t-on évidemment, et pour le moment cette réponse peut
passer. Mais on lève l'ancre et le vaisseau vogue vers
l'ouest avec une vitesse égale à celle du capitaine qui
marche vers l'est. Dans quelle direction se meut à
présent le capitaine, quand il va de l'avant à l'arrière
de son navire? Nous ne pouvons plus dire : l'est, comme
tout à l'heure, puisque tandis qu'il va vers l'est, le
vaisseau l'emporte vers l'ouest; et réciproquement nous
ne pouvons pas dire : l'ouest. Par rapport à l'espace
ambiant il ne bouge pas, quoiqu'il paraisse se mouvoir
pour tout ce qui est à bord. Mais sommes-nous tout à
fait sûrs de cette conclusion? Le capitaine est-il réellement toujours au même point? Quand nous tenons
compte du mouvement de la terre autour de son axe,
nous voyons que loin d'être stationnaire, le capitaine

voyage vers l'est à raison de 1000 milles par heure ; de sorte que la perception de celui qui le regarde, pas plus que celle de celui qui tient compte du mouvement du vaisseau ne se rapproche de la vérité. De plus, un examen plus attentif nous fera voir que cette conclusion corrigée ne vaut pas mieux que les autres. En effet, nous avons oublié le mouvement de la terre dans son orbite. Comme il est de 68 000 milles par heure, il s'en suit qu'en supposant qu'il soit midi, le capitaine se meut non pas à raison de 1000 milles à l'heure vers l'est, mais à raison de 67 000 milles vers l'ouest. Et pourtant nous n'avons pas encore trouvé le vrai sens et la vraie vitesse de son mouvement. Au mouvement de la terre dans son orbite, il faut joindre celui du système solaire tout entier vers la constellation d'Hercule, et si nous le faisons, nous voyons que le capitaine ne va ni vers l'est ni vers l'ouest, mais qu'il suit une ligne inclinée sur le plan de l'écliptique, et qu'il va avec une vitesse plus grande ou moindre (suivant l'époque de l'année) que celle que nous avons donnée. A cela, il faut encore ajouter que si les arrangements dynamiques de notre système sidéral nous étaient complètement connus, nous découvririons probablement que la direction et la vitesse du mouvement réel diffèrent encore considérablement des résultats obtenus.

Herbert SPENCER.

⊰⊱

Si on est fortement penché d'un côté, le corps se porte de l'autre pour faire le contrepoids, et se balance lui-même en diverses manières, pour prévenir une chute, ou pour la rendre moins incommode. Par la même raison, si on porte un grand poids d'un des côtés, on se sert de l'autre à contre-peser. Une femme qui porte un seau d'eau pendu à la droite étend le bras gauche et se penche de ce côté-là. Celui qui porte sur le dos se penche en avant; et, au contraire, quand on porte sur la tête, le corps naturellement se tient droit. Enfin il ne manque jamais de se situer de la manière la plus convenable pour se soutenir; en sorte que les parties ont toujours un même centre de gravité, qu'on prend au juste, comme si on savait la mécanique.

BOSSUET.

Je me suis proposé de réduire la théorie de cette Science (la Mécanique), et l'art de résoudre les problèmes qui s'y rapportent, à des formules générales, dont le simple développement donne toutes les équations nécessaires pour la solution de chaque problème.

On ne trouve point de figure dans cet Ouvrage (*Mécanique analytique*). Les méthodes que j'y expose ne demandent ni constructions, ni raisonnements géométriques ou mécaniques, mais seulement des Opérations algébriques, assujetties à une marche régulière et uniforme. Ceux qui aiment l'Analyse verront avec plaisir la Mécanique en devenir une nouvelle branche, et me sauront gré d'en avoir étendu ainsi le domaine.

LAGRANGE.

ASTRONOMIE

Quand Newton mit au jour cette grande pensée (l'attraction universelle) appuyée sur une géométrie neuve et sublime, l'astronomie changea de face, et les cieux parurent raconter pour la première fois la gloire de leur Auteur : cependant, la théorie n'avait pas rempli toute sa tâche, il s'en fallait bien ; des phénomènes importants lui échappaient ; d'étonnantes exceptions, des désordres inexplicables la troublaient ; la loi mal assurée semblait quelquefois se déconcerter et se contredire. Un siècle s'était écoulé depuis la publication des *Principes mathématiques de la philosophie naturelle*, et, dans ce siècle, plusieurs générations de grands géomètres, d'observateurs infatigables, avaient réuni leurs efforts gigantesques contre les difficultés, et ils n'avaient pu les vaincre toutes. Il y avait encore, il n'y a pas trente ans, des scandales dans le ciel; il y avait des planètes réfractaires aux tables des astronomes. Bien plus, en promulguant la loi de gravitation, Newton avait douté qu'elle fût capable de porter ce poids du monde qu'il lui imposait ; il avait pensé qu'elle vieillirait comme les lois humaines, et qu'un jour viendrait, il l'a écrit, où il faudrait que la main du Créateur s'étendît *pour remettre les choses en place.*

Newton se trompait, Messieurs. Non, *pour remettre le système en ordre*, il ne sera pas besoin de la main du Créateur; il suffira d'un autre Newton. M. de Laplace est venu, et, par ses immenses travaux, par la puissance et les ressources de son génie, l'astronomie réduite à un problème de mécanique, ne découvre plus dans les cieux que l'accomplissement mathématique de lois invariables. Jupiter et ses satellites, Saturne, la Lune sont domptés dans leurs écarts; ce qui paraissait exception est la règle même; ce qui semblait désordre est un ordre plus savant; partout la simplicité de la cause triomphe dans la complication infinie des effets. Enfin, et c'est le comble de la gloire de M. de Laplace; il lui a été réservé d'absoudre la loi de l'univers, c'est-à-dire la sagesse divine, de ces reproches d'imprévoyance ou d'impuissance où le génie de Newton était tombé; le premier, il a démontré que le système solaire reçoit, dans les conditions qui lui sont imposées, le gage de son imperturbable durée.

Royer-Collard.

L'astronomie, considérée de la manière la plus générale, est un grand problème de mécanique…; sa solution dépend à la fois de l'exactitude des observations et de la perfection de l'analyse, et il importe extrêmement d'en bannir tout empirisme, et de la réduire à n'emprunter de l'observation que les données indispensables.

Laplace.

La plus magnifique confirmation qu'aient reçue les théories astronomiques a été la découverte de la planète Neptune par Leverrier en 1846.

Les observations prolongées de la planète Uranus avaient montré un désaccord constant entre le calcul et les faits. Cette planète pas plus qu'une autre ne décrit exactement l'ellipse de Kepler; elle éprouve des perturbations de la part des autres corps du système solaire. Mais on avait beau tenir compte de toutes celles qui pouvaient être produites par les planètes connues, on n'arrivait pas à faire disparaître ce désaccord et à pouvoir construire des tables suffisamment exactes; il subsistait constamment des différences sensibles et inexpliquées. On en vint à penser que la cause de ces différences résidait probablement dans l'existence d'une planète encore inconnue.

Ce fut Leverrier qui eut la gloire de transformer cette supposition en certitude. Renversant le problème ordinaire du calcul des perturbations, il parvint à déterminer la masse et l'orbite de la planète inconnue, d'après les effets qu'elle produisait sur Uranus; il alla jusqu'à pouvoir assigner la place qu'elle devait occuper dans le ciel à une date qu'il désigna. Il suffit à M. Galle, de Berlin, de diriger une lunette vers cette place pour apercevoir tout près de là un astre invisible à l'œil nu, qui n'était marqué sur aucune carte du ciel : les observations des jours suivants montrèrent qu'il se déplaçait parmi les étoiles; c'était donc bien une planète.

GUIRAUDET.

En réfléchissant au mouvement diurne auquel tous les corps célestes sont assujettis, on reconnaît évidemment l'existence d'une cause générale qui les entraîne ou qui paraît les entraîner autour de l'axe du monde. Si l'on considère que ces corps sont isolés entre eux, et placés loin de la terre, à des distances très différentes; que le soleil et les étoiles en sont beaucoup plus éloignés que la lune, et que les variations des diamètres apparents des planètes indiquent de grands changements dans leurs distances; enfin que les comètes traversent librement le ciel dans tous les sens; il sera très facile de concevoir qu'une même cause imprime à tous ces corps un mouvement commun de rotation. Mais les astres se présentent à nous de la même manière, soit que le ciel les entraîne autour de la terre supposée immobile, soit que la terre tourne en sens contraire, sur elle-même; il paraît beaucoup plus naturel d'admettre ce dernier mouvement et de regarder celui du ciel comme une apparence.

La terre est un globe dont le rayon n'est pas de sept millions de mètres : le soleil est, comme on l'a vu, incomparablement plus gros. Si son centre coïncidait avec celui de la terre, son volume embrasserait l'orbe de la lune, et s'étendrait une fois plus loin, d'où l'on peut juger de son immense grandeur : il est d'ailleurs éloigné de nous d'environ vingt-trois mille rayons terrestres. N'est-il pas infiniment plus simple de supposer au globe que nous habitons un mouvement de rotation sur lui-même, que d'imaginer, dans une masse aussi considérable et aussi distante que le soleil, le mouvement extrêmement rapide qui lui serait nécessaire pour tourner, en un jour, autour de la terre? Quelle force immense ne faudrait-il pas alors pour le contenir et balancer sa force centrifuge? Chaque astre présente des difficultés semblables, qui sont toutes levées par la rotation de la terre.

Entraînés par un mouvement commun à tout ce qui nous environne, nous ressemblons au navigateur que les vents emportent avec son vaisseau sur les mers. Il se croit immobile; et le rivage, les montagnes et tous les objets placés hors du vaisseau, lui paraissent se mouvoir. Mais en comparant l'étendue du rivage et des plaines, et la hauteur des montagnes à la petitesse de son vaisseau, il reconnaît que leur mouvement n'est qu'une apparence produite par son mouvement réel. Les astres nombreux répandus dans l'espace céleste, sont, à notre égard, ce que le rivage et les montagnes sont par rapport au navigateur; et les mêmes raisons par lesquelles il s'assure de la réalité de son mouvement nous prouvent celui de la terre.

LAPLACE.

Pendant des siècles on a fait de la Terre le centre du monde, en obligeant les planètes, le Soleil et jusqu'aux étoiles à tourner autour d'elle. Copernic est survenu et dès lors la Terre a pris une place des plus modestes dans le cortège des planètes que gouverne le Soleil. Voici maintenant que le Soleil à son tour n'est plus qu'une des innombrables étoiles de la Voie lactée...

F. TISSERAND

PROBABILITÉS

Il y a des jeux où dix personnes mettant chacune un écu, il n'y en a qu'une qui gagne le tout et toutes les autres perdent : ainsi chacun des joueurs n'est au hasard que de perdre un écu, et pour en gagner neuf. Si l'on ne considérait que la perte et le gain en soi, il semblerait que tous y ont de l'avantage; mais il faut de plus considérer que si chacun peut gagner neuf écus, et n'est au hasard que d'en perdre un, il est aussi neuf fois plus probable, à l'égard de chacun, qu'il perdra son écu et ne gagnera pas les neuf. Ainsi, chacun a pour soi neuf écus à espérer, un écu à perdre, neuf degrés de probabilité de perdre un écu et un seul de gagner les neuf écus : ce qui met la chose dans une parfaite égalité.

Tous les jeux qui sont de cette sorte sont équitables, autant que les jeux peuvent l'être, et ceux qui sont hors de cette proportion sont manifestement injustes; et c'est par là qu'on peut faire voir qu'il y a une injustice évidente dans ces espèces de jeu qu'on appelle loteries, parce que le maître de loterie prenant d'ordinaire sur le tout une dixième partie pour son préciput, tout le corps des joueurs est dupé de la même manière que si un homme jouait à un jeu égal, c'est-à-dire où il y a autant d'apparence de gain que de perte, dix pistoles contre neuf. Or si cela est désavantageux à tout le corps, cela l'est aussi à chacun de ceux qui le composent, puisqu'il arrive de là que la probabilité de la perte surpasse plus la probabilité du gain que l'avantage qu'on espère ne surpasse le désavantage auquel on s'expose, qui est de perdre ce qu'on y met.

LOGIQUE DE PORT-ROYAL.

Ainsi des chances favorables et nombreuses étant constamment attachées à l'observation des principes éternels de raison, de justice et d'humanité, qui fondent et maintiennent les sociétés, il y a grand avantage à se conformer à ces principes, et de graves inconvénients à s'en écarter. Que l'on consulte les histoires et sa propre expérience, on y verra tous les faits venir à l'appui de ce résultat du calcul. Considérez les heureux effets des institutions fondées sur la raison et sur les droits naturels de l'homme, chez les peuples qui ont su les établir et les conserver. Considérez encore les avantages que la bonne foi a procurés aux gouvernements qui en ont fait la base de leur conduite, et comme ils ont été dédommagés des sacrifices qu'une scrupuleuse exactitude à tenir ses engagements leur a coûtés. Quel immense crédit au dedans! Quelle prépondérance au dehors! Voyez au contraire, dans quel abime de malheurs, les peuples ont été souvent précipités par l'ambition et par la perfidie de leurs chefs. Toutes les fois qu'une grande puissance énivrée de l'amour des conquêtes aspire à la domination universelle, le sentiment de l'indépendance produit, entre les nations menacées, une coalition dont elle devient presque toujours la victime.

LAPLACE.

L'extrême difficulté des problèmes relatifs au système du monde a forcé les géomètres à recourir à des approximations qui laissent toujours à craindre que les quantités négligées n'aient une influence sensible. Lorsqu'ils ont été avertis de cette influence, par les observations, ils sont revenus sur leur analyse : en la rectifiant, ils ont toujours retrouvé la cause des anomalies observées; ils en ont déterminé les lois, et souvent ils ont devancé l'observation, en découvrant des inégalités qu'elle n'avait pas encore indiquées. Ainsi l'on peut dire que la nature elle-même a concouru à la perfection analytique des théories fondées sur la pesanteur universelle; et c'est, à mon sens, une des plus fortes preuves de la vérité de ce principe admirable.

LAPLACE.

Il est bien important de tenir compte, dans chaque branche de l'administration publique, un registre exact des effets qu'ont produits les divers moyens dont on a fait usage, et qui sont autant d'expériences faites en grand, par les gouvernements. Appliquons aux sciences politiques et morales la méthode fondée sur l'obsérvation et sur le calcul, méthode qui nous a si bien servi dans les sciences naturelles. N'opposons point une résistance inutile et souvent dangereuse aux effets inévitables du progrès des lumières; mais ne changeons qu'avec une circonspection extrême nos institutions et les usages auxquels nous sommes depuis si longtemps pliés. Nous connaissons bien par l'expérience du passé les inconvénients qu'ils présentent; mais nous ignorons quelle est l'étendue des maux que leur changement peut produire. Dans cette ignorance, la théorie des probabilités prescrit d'éviter tout changement : surtout il faut éviter tout changement brusque qui, dans l'ordre moral, comme dans l'ordre physique, ne s'opère jamais sans une grande perte de force vive.

LAPLACE.

La probabilité des décisions d'une assemblée dépend de la pluralité des voix, des lumières et de l'impartialité des membres qui la composent. Tant de passions et d'intérêts particuliers y mêlent si souvent leur influence, qu'il est impossible de soumettre au calcul cette probabilité. Il y a cependant quelques résultats généraux dictés par le simple bon sens, et que le calcul confirme. Si, par exemple, l'assemblée est très peu éclairée sur l'objet soumis à sa décision; si cet objet exige des considérations délicates, ou si la vérité sur ce point est contraire à des préjugés reçus, en sorte qu'il y ait plus d'un à parier contre un que chaque votant s'en écartera; alors la décision de la majorité sera probablement mauvaise, et la crainte à cet égard sera d'autant plus fondée, que l'assemblée sera plus nombreuse. Il importe donc, à la chose publique, que les assemblées n'aient à se prononcer que sur des objets à la portée du plus grand nombre : il lui importe que l'instruction soit généralement répandue, et que de bons ouvrages fondés sur la raison et sur l'expérience éclairent ceux qui sont appelés à décider du sort de leurs semblables ou à les gouverner, et les prémunissent d'avance contre les faux aperçus et les préventions de l'ignorance. Les savants ont de fréquentes occasions de remarquer que les premiers aperçus trompent souvent, et que le vrai n'est pas toujours vraisemblable.

LAPLACE.

Cependant l'induction, en faisant découvrir les principes généraux des sciences, ne suffit pas pour les établir en rigueur... Je citerai, pour exemple un théorème de Fermat sur les nombres premiers. Ce grand géomètre, qui avait longuement médité sur leur théorie, cherchait une formule qui, ne renfermant que des nombres premiers donnât, directement un nombre premier plus grand qu'aucun nombre assignable. L'induction le conduisit à penser que deux, élevé à une puissance qui était elle-même une puissance de deux, formait avec l'unité, un nombre premier. Ainsi deux, élevé au carré, plus un, forme le premier nombre cinq : deux, élevé à la seconde puissance de deux, ou seize, forme avec un le nombre premier dix-sept. Il trouva que cela était encore vrai pour la huitième et la seizième puissance de deux, augmentées de l'unité ; et cette induction, appuyée de

plusieurs considérations arithmétiques, lui fit regarder
ce résultat comme général. Cependant il avoua qu'il
ne l'avait pas démontré. En effet, Euler a reconnu que
cela cesse d'avoir lieu pour la trente-deuxième puissance
de deux, qui, augmentée de l'unité, donne 4 294 967 297,
nombre divisible par 641.

LAPLACE.

Un paradoxe singulier rend ce jeu, — le *problème de
Saint-Pétersbourg*, c'est le nom qu'on lui donne, — mé-
morable et célèbre. Pierre joue avec Paul ; voici les conditions : Pierre jettera une pièce de monnaie autant de
fois qu'il sera nécessaire pour qu'elle montre le côté
face. Si cela arrive au premier coup, Paul lui donnera
un écu ; si ce n'est qu'au second, deux écus ; s'il faut
attendre au troisième coup, il en donnera quatre, huit
au quatrième, toujours en doublant. Tels sont les engagements de Paul. Quels doivent être ceux de Pierre ?
La science, consultée par Daniel Bernouilli, donne pour
réponse : Une somme infinie. Le parti de Pierre, c'est
le mot consacré, est au-dessus de toute mesure.

. . . . il faut approuver absolument et simplement la réponse réputée absurde. Pierre possède, je
suppose, un million d'écus et les donne à Paul en échange
des promesses convenues. Il est fou ! dira-t-on. Le placement est aventureux mais excellent ; l'avantage infini
est réalisable. Qu'il joue obstinément, il perdra une
partie, mille, mille millions de milliards peut-être ; qu'il
ne se rebute pas, qu'il recommence un nombre de fois

que la plume s'userait à écrire, qu'il diffère surtout le
règlement des comptes, la victoire pour lui est certaine,
la ruine de Paul inévitable. Quel jour? quel siècle? On
l'ignore; avant la fin des temps certainement, le gain
de Pierre sera colossal.

J. BERTRAND.

L'application du calcul aux décisions judiciaires est,
dit Stuart Mill, le scandale des mathématiques. L'accu-
sation est injuste. On peut peser du cuivre et le don--
ner pour de l'or, la balance reste sans reproche. Dans
leurs travaux sur la théorie des jugements, Condorcet,
Laplace et Poisson n'ont pesé que du cuivre.

La réunion, quelle qu'elle soit, qui peut juger bien
ou mal, est remplacée dans leurs études par des urnes
où l'on puise des boules blanches ou noires...

. . . .

... Mais une autre objection est sans réplique : l'indépendance des tirages est supposée; les urnes, dans les
calculs, échappent à toute influence commune. Les juges,
au contraire, s'éclairent les uns les autres, les mêmes
faits les instruisent, les mêmes sollicitations les tour-
mentent, la même éloquence les égare, c'est sur les
mêmes considérants qu'ils font reposer la vérité ou l'erreur. L'assimilation est impossible.

J. BERTRAND.

Le jeu ruine ceux qui s'y livrent. Il n'y a exception
que pour les joueurs auxquels les conditions acceptées
accordent un avantage.

Le fermier des jeux à Monte-Carlo peut accroître sans crainte le nombre des coups. La menace ne s'adresse qu'aux pontes.

Lorsque le jeu est équitable, la ruine tôt ou tard est certaine.

La proposition semble contradictoire. En ruinant l'un des joueurs, le jeu enrichit l'autre ; en s'exposant à perdre une fortune, on a l'espoir de la doubler.

Cela n'est pas douteux ; mais, quand la fortune est doublée, le théorème s'y applique avec la même certitude : elle peut doubler encore, centupler peut-être, tout sera emporté à la fois par un caprice du hasard. En combien de temps? Nul ne le sait ; la probabilité augmente avec le nombre des parties et converge vers la certitude.

J. Bertrand.

Les philosophes, qui veulent déterminer l'avenir indéfini de l'espèce humaine par la seule observation du passé, sont dans une grande erreur.... Ils ne s'occupent du présent qu'après avoir *découvert* l'avenir. C'est comme si, pour connaître les affections de la courbe des observations, on se servait du prolongement conjectural de cette courbe, qui peut n'avoir rien de commun avec ce qui résulterait de la loi inconnue du phénomène...

Rien ne serait plus dangereux que de confier la direction de la société à des chefs qui se seraient fait un type bien arrêté de l'état définitif de la société et la pousseraient sans ménagement dans cette voie.

Duhamel.

ENSEIGNEMENT

Nous estimons que l'étude complète de toute science devrait comprendre une période préparatoire ou d'amorce, une période théorique ne portant que sur les parties à la fois importantes et simples et une période complémentaire où la discussion s'aiguiserait et se généraliserait.

Les premières notions de mathématiques doivent faire partie de l'éducation des enfants. Les chiffres et les lignes parlent plus qu'on ne croit à leur imagination naissante et c'est un moyen sûr de l'exercer sans l'égarer.

CONDORCET.

La longue formation de l'humanité recommence en chaque petit enfant...

Le premier calculateur n'a pas débuté par les règles abstraites qu'on trouve dans les livres d'école. Il est assez évident qu'il a dû se trouver d'abord en présence de problèmes pratiques, dont il n'a pu se tirer qu'en tendant tous les ressorts de son intelligence pour créer la règle, et qu'il n'a pas fait de l'art pour l'art. Faire débuter l'enfant par la règle abstraite, et lui poser ensuite les problèmes à résoudre, c'est aller au rebours de la marche de l'esprit humain, qui en est chez lui au point où il en était dans l'enfance de l'espèce.

Alors, qu'arrive-t-il? C'est que son intelligence, ainsi brusquée, se refuse à l'abstraction qui se présente avant l'heure, et que sa mémoire seule entre en jeu pour se charger douloureusement de mots et de pratiques dont le sens lui échappe.

La vraie méthode est donc ici de le replacer dans les conditions du commencement, et de le faire assister en quelque sorte à la création de l'arithmétique.

J. MACÉ.

⁂

Nous concevons la possibilité d'un enseignement gradué de la géométrie élémentaire, conduit, à tous ses degrés, d'après un plan unique et invariable, toujours soumis aux règles de la plus sévère logique, et où les difficultés ne se montreraient qu'à mesure que les esprits seraient préparés à les aborder.

Pour cela, l'étude de la géométrie devrait être reprise à divers points de vue, correspondant aux divers degrés d'initiation des élèves. Pour les commençants, il s'agit avant tout de se familiariser avec les figures et leurs dénominations, d'apprendre des faits, d'entrevoir leurs applications les plus simples et les plus immédiates, celles surtout qui se rapportent aux usages de la vie ordinaire.

On devra donc au début multiplier les axiomes, employer, au lieu de démonstrations, les vérifications expérimentales, l'analogie, l'induction, en ne laissant jamais oublier que ce mode d'exposition est essentiellement provisoire. On exercera l'élève aux tracés graphiques, à la solution de divers problèmes de levé des plans et d'arpentage, à la construction des figures en relief... Le maître saura proportionner au degré de développement intellectuel de l'élève la part plus ou moins grande qu'il devra faire au raisonnement dans cette première ébauche des études géométriques.

. . . .

Le premier enseignement sera donc exclusivement expérimental, et peu à peu on fera voir à l'élève comment toutes les vérités n'ont pas besoin d'être séparément constatées par l'expérience, et comment elles sont les conséquences d'un certain nombre d'entre elles, nombre que l'on restreindra de plus en plus, à mesure que l'on avancera dans l'étude de la science, jusqu'à ce qu'on soit arrivé aux axiomes fondamentaux, dont le nombre ne peut plus être réduit.

Houel.

J'ai dit que la Géométrie n'était pas à la portée des enfants; mais c'est notre faute. Nous ne sentons pas que leur méthode n'est point la nôtre, et que ce qui devient pour nous l'art de raisonner ne doit être pour eux que l'art de voir. Au lieu de leur donner notre méthode, nous ferions mieux de prendre la leur; car notre manière d'apprendre la géométrie est bien autant une affaire d'imagination que de raisonnement. Quand la proposition est énoncée, il faut en imaginer la démonstration, c'est-à-dire trouver de quelle proposition déjà sue celle-là doit être une conséquence, et, de toutes les conséquences qu'on peut tirer de cette proposition, choisir précisément celle dont il s'agit.

De cette manière le raisonneur le plus exact, s'il n'est inventif, doit rester court. Aussi qu'arrive-t-il de là? Qu'au lieu de nous faire trouver les démonstrations, on nous les dicte; qu'au lieu de nous apprendre à raisonner, le maître raisonne pour nous, et n'exerce que notre mémoire.

Faites des figures exactes, combinez-les, posez-les l'une sur l'autre, examinez leurs rapports; vous trouverez toute la géométrie élémentaire en marchant d'observation en observation, sans qu'il soit question ni de définitions, ni de problèmes, ni d'aucune autre forme démonstrative que la simple superposition. Pour moi, je ne prétends point apprendre la géométrie à Émile, c'est lui qui me l'apprendra; je chercherai des rapports et il les trouvera, car je les chercherai de manière à les lui faire trouver. Par exemple, au lieu de me servir d'un compas pour tracer un cercle, je le tracerai avec une pointe au bout d'un fil tournant sur un pivot. Après cela, quand je voudrai comparer les rayons entre eux, Émile se moquera de moi, et il me fera comprendre que le même fil toujours tendu ne peut avoir tracé des distances inégales.

Si je veux mesurer un angle de soixante degrés, je décris du sommet de cet angle, non pas un arc mais un cercle entier; car avec les enfants il ne faut jamais rien sous-entendre. Je trouve que la portion de cercle comprise entre les deux côtés de l'angle est la sixième partie du cercle. Après cela, je décris du même sommet un autre plus grand cercle, et je trouve que ce second arc est encore la sixième partie de son cercle. Je décris un troisième arc concentrique sur lequel je fais la même épreuve; et je la continue sur de nouveaux cercles, jusqu'à ce qu'Émile, choqué de ma stupidité, m'avertisse que chaque arc, grand ou petit, compris par le même angle, sera toujours la sixième partie de son cercle...

Nous voilà tout à l'heure à l'usage du rapporteur.

Pour prouver que les angles de suite sont égaux à deux droits, on décrit un cercle; moi, tout au contraire, je fais en sorte qu'Émile remarque cela premièrement dans le cercle, et puis je lui dis : si l'on ôtait le cercle, et qu'on laissât les lignes droites, les angles auraient-ils changé de grandeur? etc... On néglige la justesse des figures, on la suppose, et l'on s'attache à la démonstration. Entre nous, au contraire, il ne sera jamais question de démonstration; notre plus importante affaire sera de tirer des lignes bien droites, bien justes, bien égales; de faire un carré parfait, de tracer un cercle bien rond. Pour vérifier la justesse de la figure, nous l'examinerons par toutes ses propriétés sensibles; et cela nous donnera l'occasion d'en découvrir chaque jour de nouvelles. Nous plierons par le diamètre les deux demi-cercles; par la diagonale, les deux moitiés du carré : nous comparerons nos deux figures pour voir celle dont les bords conviennent le plus exactement et par conséquent la mieux faite; nous distinguerons si cette égalité de partage doit avoir toujours lieu dans les parallélogrammes, dans les trapèzes, etc... On essaiera quelquefois de prévoir le succès de l'expérience avant de la faire, on tâchera de trouver des raisons, etc...

La géométrie n'est pour mon élève que l'art de se bien servir de la règle et du compas. .

J.-J. ROUSSEAU.

Il est temps d'entrer dans le vif de la question pédagogique : *Comment convient-il d'étudier une figure avec les commençants ?* Vous m'excuserez si je numérote les parties successives de la réponse. — 1° Avant tout, montrez le modèle matériel, faites-le circuler et manier, puis, dessinez-le au tableau et que toute la classe vous imite. — 2° Faites dégager la propriété capitale de la figure, celle qui servira de définition. Cette propriété est jointe à d'autres, simples aussi, et il faudra parfois aider un peu l'enfant. — 3° L'essentiel de la figure étant connu, prononcez son nom, pour la première fois. On s'empresse autour de vous d'écrire le nom sur la chose. Vous demandez des exemples familiers, etc. — 4° Vous invitez un élève à formuler la définition. Elle est un peu embarrassée, cette définition ; vous la rectifiez et vous la dictez, pour qu'elle soit apprise par cœur. La définition se borne ainsi à résumer nettement ce qui est déjà su. — 5° Il faut ensuite connaître la figure plus en détail. Faites deviner ou remarquer les autres propriétés, sans les démontrer, c'est-à-dire sans les déduire de la propriété fondamentale. Les nouvelles propriétés sont seulement constatées et vérifiées. — 6° Terminez enfin par les constructions et les problèmes simples, se rattachant à la figure soumise à vos investigations.

On peut enseigner d'abord une algèbre modeste et pour ainsi dire préliminaire où les règles découlent d'exemples particuliers et non de raisonnements généraux et abstraits. Voici les indications principales pour un enseignement dirigé dans cet esprit.

1º *Généraliser lentement.* — Je ne saurais trop le répéter, l'esprit se refuse aux abstractions brusquement imposées. C'est graduellement qu'on passe d'une de ces idées à la suivante : Trois chevaux, le nombre trois en général, un nombre quelconque représenté par a ou par x.

2º *Laisser de côté les nombres négatifs,* $\dfrac{0}{0}, \dfrac{m}{0}$ *et les imaginaires.* — Ces symboles sont délicats à comprendre et il faut les réserver pour une étude approfondie de l'algèbre. Composez, en conséquence, des exercices et problèmes ne présentant pas d'impossibilités arithmétiques.

3º *Supprimer les discussions.* — Ces examens à fond des questions, de toutes leurs particularités et de toutes leurs exceptions, supposent des esprits aiguisés. Reportons-les aussi, sans hésiter, à la seconde période d'enseignement.

4º *Dès le début, de petits problèmes résolus à l'aide de x.* — Vous amorcez ainsi le nouveau sujet à l'aide d'un chapitre, pour ainsi dire complémentaire de l'arithmétique. Le calcul algébrique ne vient qu'ensuite.

5° *Glisser sur la théorie du calcul algébrique.* — Ce sujet est assez aride ; il est, du reste, peu important pour le moment. C'est la pratique qui importe, en évitant les opérations trop longues. Insister sur le carré d'un binôme et passer sous silence la division des polynômes.

6° *Raisonner directement des problèmes gradués.* — La méthode des équations s'accuse ainsi d'elle-même plus clairement qu'en la formulant *a priori.*

7° *Équations abstraites.* — Nous pouvons maintenant passer aux équations séparées des problèmes concrets leur servant de supports. On n'a qu'à reprendre des raisonnements déjà faits, mais en les présentant d'une façon plus générale. Se borner à énoncer les principes qui sont presque évidents.

La Géométrie est peut-être, de toutes les parties des mathématiques, celle que l'on doit apprendre la première ; elle me paraît très propre à intéresser les enfants, pourvu qu'on la leur présente principalement par rapport à ses applications, soit sur le papier, soit sur le terrain. Les opérations de *tracé* et de *mesurage* ne manqueront pas de les occuper agréablement, et les conduiront ensuite, comme par la main, au raisonnement.

. . . .

Les éléments de Géométrie de Clairaut, ordonnés suivant la méthode des inventeurs, sont les plus convenables pour diriger le maître dans cette circonstance...

LACROIX.

Aujourd'hui la partie philosophique de la science est très négligée ; les moyens de briller dans un examen ou concours marchent en première ligne ; sauf de rares exceptions, les professeurs songent beaucoup plus à familiariser les élèves avec le mécanisme du calcul qu'à leur en faire sonder les principes. Je ne sais, en vérité, si l'on ne pourrait pas dire de certaines personnes qu'elles emploient l'analyse comme la plupart des manufacturiers se servent de la machine à vapeur, sans se douter de son mode d'action. Et qu'on ne prétende pas que cet enseignement vicieux soit un sacrifice obligé à la passion dominante de notre époque, à la rage d'aller vite en toutes choses.

ARAGO.

Sommes-nous revenus au système de Ptolémée ?

Je me souviens d'un fort habile homme qui, sur la lecture du premier volume d'un de nos plus savants traités d'astronomie, voyant l'auteur toujours parler des mouvements du soleil, des cercles qu'il parcourt, de sa révolution diurne, de ses mouvements annuels, progrès, stations et rétrogradations, croyait, d'après cet exposé, que l'Académie des sciences était revenue au système de Ptolémée.

Pourquoi commencer par décrire longuement et minutieusement à l'élève des apparences dont il apprendra ensuite la fausseté ? Pourquoi ne pas lui dire tout de suite et franchement ce qui en est ?

GRATRY.

Ne dites pas :	*Dites :*
Une ligne (pour une droite), un cercle (pour une circonférence).	Une droite, une circonférence.
Je mène par un point *une* perpendiculaire à une droite, *une* parallèle...	*La* perpendiculaire, *la* parallèle...
7×8 ne se lit pas 7 qui multiplie 8.	7 multiplié par 8.
Le lieu des points est *sur* telle ligne.	Le lieu des points est telle ligne.
Le lieu des points est le segment circulaire, etc.	L'arc du segment circulaire, etc.
Je divise l'équation par tel nombre.	Je divise les deux membres de l'équation....
La racine négative de l'équation du second degré.	La racine où le radical est précédé du signe $-$.
Les puissances impaires.	A exposant impair.
Plus grand ou égal à ($\geqslant$).	Supérieur ou égal à.
$\dfrac{7 \times 3}{11 \times 3}$. — Je multiplie la fraction par trois.	Je multiplie les deux termes de la fraction par trois.
$\dfrac{4}{15}$ et $\dfrac{8}{30}$. — La plus grande fraction	La fraction qui a des termes plus grands.
$\dfrac{a}{b}, \dfrac{a'}{b'}, \dfrac{a''}{b''}$ puis $\dfrac{a+a'+a''}{b+b'+b''}$. — Ajouter les fractions.	Ajouter les fractions terme à terme. Etc., etc.

J'ai abandonné la distinction d'usage entre la Géométrie plane et la Géométrie dans l'espace. Outre qu'elle n'est pas dans la réalité des choses, puisque la nature ne nous offre que des figures dans l'espace, elle met un long intervalle entre la théorie de la ligne droite et celle du plan, dont chacune cependant est nécessaire à la parfaite intelligence de l'autre ; elle nécessite même une interruption dans l'étude de la ligne droite. Enfin, elle est encore plus nuisible dans l'enseignement professionnel, car la pratique des Arts réclame bien plus la connaissance des principales combinaisons de droites et de plans, que celle de propositions théoriques comme les propriétés des sécantes du cercle. Ces inconvénients m'ont paru surpasser de beaucoup les avantages que cette méthode peut avoir comme artifice didactique ; si elle divise et aplanit un peu les premières difficultés de la Géométrie, on ne peut nier qu'elle soit pour beaucoup dans la lenteur que mettent les élèves à acquérir la faculté de *lire dans l'espace*.

C. MÉRAY.

Toute science de raisonnement repose sur un petit nombre de propositions simples, irréductibles à d'autres plus simples, appelées axiomes, et sur les définitions. Ces éléments, convenablement mis en œuvre par le raisonnement, conduisent aux propositions les plus complexes, qui ne sont donc, en définitive, que des composés logiques de ces éléments. Dans la géométrie élémentaire, l'arithmétique, la statique et plus généralement dans toutes les sciences où l'on fait usage de la méthode synthétique, en allant du simple au composé, on prend pour point de départ ces éléments, axiomes ou définitions, et on s'élève de proche en proche, jusqu'aux propositions les plus complexes...

. . . .

Frappé de cette difficulté que les élèves éprouvent à saisir l'ensemble et les déductions du Cours, j'ai souvent employé avec succès un mode d'exercice, que j'appelle la recherche des antécédents d'une proposition, et qui n'est en quelque sorte que l'*analyse* d'une proposition trouvée d'abord par la *synthèse*... On prend une proposition quelconque et l'on relève toutes les propositions antécédentes (lemmes, théorèmes, corollaires), toutes les définitions et tous les axiomes invoqués dans la démonstration. On a ainsi une première analyse de la proposition donnée. On reprend ensuite chacune des propositions antécédentes invoquées, on les analyse à leur tour et l'on continue de la sorte jusqu'à ce que l'on arrive à n'avoir plus que des axiomes et des définitions.

JABLONSKI.

« Allez en avant, a dit d'Alembert, la foi vous viendra. » Le remarquable morceau qui suit est un commentaire de ce conseil parfois contesté.

Quoique les vérités mathématiques se déduisent, dans un ordre rigoureux, d'un petit nombre de principes réputés évidents, on ne parvient point à les posséder pleinement, en en suivant pas à pas les déductions, en allant toujours dans le même sens du connu à l'inconnu, sans jamais revenir en arrière sur un chemin où l'on n'a rien laissé d'obscur. Le sens et la portée des principes échappent au débutant, qui saisit mal la distinction entre ce qu'on lui demande d'accorder et les conséquences purement logiques des hypothèses ou des axiomes; parfois, la démonstration lui paraît plus obscure que l'énoncé; c'est en vain qu'il s'attarderait dans la région des principes pour la mieux connaître, il faut que son esprit acquière des habitudes qu'il n'a pas, qu'il aille en avant sans trop savoir ni où il va, ni d'où il part; il prendra confiance dans ce mode de raisonnement auquel il lui faut plier son intelligence, il s'habituera aux symboles et à leurs combinaisons. Revenant ensuite sur ses pas, il sera capable de voir, du point de départ et d'un seul coup d'œil, le chemin parcouru : quelques parties de la route resteront pour lui dans l'ombre, quelques-unes mêmes seront peut-être entièrement obscures, mais d'autres sont vivement éclairées; il sait nettement comment on peut aller de cette vérité à cette autre; il sait où il doit porter son attention; ses yeux mieux exercés parviennent à voir clair dans ces passages difficiles dont il n'aurait jamais pu se rendre maître, s'il ne les avait franchis; il est maintenant capable d'aller plus loin ou de suivre une autre direction; il entre en possession des vérités nouvelles qui s'ajoutent aux vérités anciennes et qui les éclairent; il s'étonne parfois des perspectives inattendues qui s'ouvrent devant lui et lui laissent voir, sous un aspect nouveau, des régions qu'il croyait connaître entièrement; peu à peu les ombres disparaissent et la beauté de la science, si une dans sa riche diversité, lui apparaît avec tout son éclat.

Ce qui se passe dans l'esprit de celui qui étudie les mathématiques n'est que l'image de ce qui s'est passé dans la création et dans l'organisation de la science; dans ce long travail, la rigueur déductive n'a pas été seule à jouer un rôle. On peut raisonner fort bien et fort long-temps sans avancer d'un pas, et la rigueur n'empêche pas un raisonnement d'être inutile. Même en mathéma-tiques, c'est souvent par des chemins peu sûrs que l'on va à la découverte. Avant de faire la grande route qui y mène, il faut connaître la contrée où l'on veut aller; c'est cette connaissance même qui permet de trouver les voies les plus directes; c'est l'expérience seule qui in-dique les points où il faut porter l'effort; ce sont les difficultés parfois imprévues qui se dressent devant les géomètres qui les forcent à revenir au point de départ, à chercher une route nouvelle qui permette de tourner l'obstacle. S'imagine-t-on, par exemple, les inventeurs du calcul différentiel et intégral s'acharnant, avant d'aller plus loin, sur les notions de dérivée et d'inté-grale définie?

J. TANNERY.

Voulez-vous simplifier une théorie, une méthode, inscrivez-la dans les programmes.

Les professeurs se chargeront de l'éclairer et de la réduire à sa plus simple expression.

Je me défie un peu des démonstrations trop élégantes, trop symétriques, reposant sur une heureuse notation. Elles empêchent parfois de réfléchir au fond des choses, elles persuadent plus qu'elles n'éclairent.

Poisson et Coriolis demandaient l'admission des infiniment petits dans les mathématiques élémentaires.

Il importe de bien comprendre l'importance de la condition *nécessaire* et *suffisante* ou de la réciprocité des conditions ou, comme on dit encore, de la propriété caractéristique. Combien de raisonnements faux ou incomplets entraîne une analyse imparfaite!

La démonstration des réciproques — lorsqu'elles sont vraies — est trop négligée.

Pour établir un lieu géométrique, il faut deux propositions dont la seconde est, à volonté, la réciproque ou la contraire de la première.

HISTOIRE

Les Prêtres me dirent encore que Sésostris fit le partage des terres, assignant à chaque Égyptien une portion égale et quarrée, qu'on tirait au sort, à la charge néanmoins de lui payer tous les ans une certaine redevance qui composait le revenu royal. Si une crue du Nil enlevait à quelqu'un une portion de son lot, il allait trouver Sésostris pour lui exposer l'accident, et le Roi envoyait sur les lieux des Arpenteurs pour mesurer de combien l'héritage était diminué, afin de ne faire payer la redevance convenue qu'à proportion du fonds qui restait. Voilà, je crois, l'origine de la Géométrie, qui a passé de ce pays en Grèce.

HÉRODOTE.

Les débuts de la science ont dû être bien humbles. Il est probable, par exemple, que la légitimité de l'interversion des facteurs du produit de plusieurs nombres n'a été établie pendant longtemps que par des vérifications répétées. On a dû aussi reconnaître par l'expérience que la longueur du fil entourant la circonférence contient toujours le même nombre de fois celle du diamètre.

Les *Éloges des académiciens* par Fontenelle ont leur place marquée dans la bibliothèque de l'homme de goût. L'auteur a popularisé le premier les savants et la Science. Son influence a été plus grande qu'on ne le croit, il l'a exercée délicatement et discrètement en parsemant de pensées brillantes un fond sérieux. Voltaire compare ces éloges à « ces moissons abondantes où les fleurs croissent naturellement avec les épis ».

Charlemagne substitua aux mesures romaines le pied-de-roi ou pied-de-Paris, emprunté aux Arabes, et les dérivés de cette longueur. Il chercha à répandre dans son vaste empire ces unités qui devaient durer dix siècles, mais en s'altérant et en se compliquant beaucoup.

Les États généraux réclamèrent maintes fois l'ordre dans les poids et les monnaies.

Louis XI, François Ier et Louis XIV tentèrent en vain, dans leurs édits royaux, d'imposer partout les mesures de Paris.

A l'occasion de la mesure du méridien par Picard, « on fit en 1668, dit Saigey, une toise en fer portant une arête à chaque bout, et on la fixa au bas du grand escalier du Châtelet, pour servir de régulateur au commerce et à la justice. »

La toise qui, après avoir été comparée à celle du Châtelet, avait été employée dans les mesures méridiennes du Pérou, par Bouguer et La Condamine, servit à son tour d'étalon, et quatre-vingts modèles en furent expédiés aux parlements de France et aux astronomes étrangers. C'était un premier pas vers l'uniformité, et bientôt la toise du Pérou, comme on l'appelait, servit à l'étalonnage du mètre.

Parmi les réformes urgentes demandées dans les cahiers de 1789, on retrouve sans cesse celle des poids et des mesures : on les veut « simples et les mêmes dans tout le pays ».

Le 8 mai 1790, sur la proposition de Talleyrand, l'Assemblée constituante engagea les rois de France et d'Angleterre à se concerter pour adopter la même unité. Cette mesure (par exemple, la longueur du pendule à seconde, proposée autrefois par Picard) eût été fixée par une commission composée, en nombre égal, d'académiciens de Paris et de membres de la Société royale de Londres.

L'Académie des sciences discuta seule la question, et sa commission (Borda, Lagrange, Laplace, Monge et Lavoisier) rejeta le pendule « pour ne pas mêler à une question de longueur des considérations de mouvement et de temps », et elle proposa la dix-millionième partie du quart du méridien. La tradition attribue à Laplace la conception de l'ensemble du système, à Borda le plan des opérations géodésiques, et à Lavoisier le kilogramme.

. Le 26 mars 1791, un décret de l'Assemblée constituante adopta la circonférence terrestre comme base et prescrivit les travaux nécessaires.

« Prendre pour unité de longueur usuelle la dix-millionième partie du quart du méridien et rapporter la pesanteur de tous les corps à celle de l'eau distillée, en reliant par l'échelle décimale toutes les mesures principales aux mesures plus grandes ou plus petites. »

Dès 1792, Delambre et Méchain furent chargés, par leurs collègues de l'Académie des sciences, de mesurer l'arc de Dunkerque à Barcelone, en Espagne, qui comprend dix degrés environ (1). La triangulation s'appuya sur deux bases, près de Melun et de Perpignan. Aux mesures directes devait succéder un long travail de comparaison aux mesures antérieures, de réductions et de calculs. Sans attendre la fin de ce travail, l'Académie calcula provisoirement le mètre d'après les observations anciennes, « avec une exactitude suffisante pour tous les besoins de la société ; d'autre part elle avait déterminé, par des expériences précises, la longueur du pendule à seconde et le poids d'un centimètre cube d'eau distillée : c'étaient les éléments de toutes les autres mesures. Les observations nouvelles ne pouvaient apporter à leurs valeurs que des corrections insensibles. » (Biot.)

Dans sa séance du 1er août 1793, la Convention, sur un rapport présenté par Arbogast au nom du Comité d'instruction publique, vota l'établissement du système

---

(1) Le général Perrier, mort l'an dernier, a réuni géodésiquement l'Espagne à l'Algérie, par-dessus la Méditerranée. Nous connaissons maintenant la longueur d'un arc de méridien allant du nord de l'Angleterre au Sahara.

métrique dans toute l'étendue de la République.
Toutefois, le système ne fut rendu obligatoire que par
le décret du 18 germinal an III (7 avril 1795). Ce
décret fixa définitivement la nomenclature; il y est dit
que « l'étalon sera une règle de platine, exécutée avec
la plus grande précision d'après les expériences et les
observations de la commission. On le déposera près le
Corps législatif, ainsi que le procès-verbal des opérations
qui auront servi à le déterminer. »

Une commission générale de trente-deux membres,
tant français qu'étrangers, avait été chargée des calculs
définitifs.

Le 4 messidor an VII (22 juin 1799), cette commission,
par l'organe de ses rapporteurs, le hollandais Swiden
et le suisse Trallès, annonça aux deux conseils législa-
tifs de la République que le quart du méridien valait
5 130 740 toises, d'où se déduisait la longueur du mètre.
Les deux délégués présentèrent aussi les étalons du
mètre et du kilogramme, en platine; la règle doit être
prise à zéro et le poids cylindrique doit être pesé dans
le vide. « Ces deux *prototypes* furent, le même jour,
placés dans une boîte fermant à clef, et déposés aux
Archives de la République dans la double armoire en
fer, fermant à quatre clefs. »

Sous le Consulat, la loi du 2 novembre 1801 se
borna à *autoriser* l'usage des nouvelles mesures de préférence aux anciennes; et sous l'Empire, le décret
rétrograde du 12 février 1812 organisa un système
mixte et bâtard qui devait retarder de vingt-cinq ans
l'avènement du vrai système métrique. Il y eut une
toise métrique, une livre métrique, etc.

Enfin, la loi célèbre du 4 juillet 1837, reprenant les traditions de la Révolution, remit en vigueur le système métrique pur, et prohiba, non seulement l'emploi de toutes les anciennes mesures, mais même leurs dénominations.

Depuis le 1er janvier 1840, le nouveau système est imposé par la loi à tous les citoyens français, et les délinquants sont punis de l'amende ou de la prison.

En 1869, l'Académie des sciences de Saint-Pétersbourg proposa une revision européenne du mètre. Delambre, disait-elle, a adopté un aplatissement de la terre un peu trop faible, et en outre une erreur matérielle s'est glissée dans les calculs de réduction. L'allemand Bessel, discutant toutes les mesures du méridien, et en particulier celles de Biot et Arago (1808), a trouvé 5 131 180 toises au lieu de 5 130 740 toises; le nombre fondamental du système métrique est ainsi trop petit de 440 toises. De plus, le kilogramme doit être rapporté à zéro, non à 4°. Il est regrettable, ajoutait l'Académie de Saint-Pétersbourg, que les nouvelles mesures ne soient pas établies par des savants de toutes les nations, travaillant en commun. Les étalons envoyés de Paris aux gouvernements étrangers sont imparfaits, ils sont relevés sur le mètre du Conservatoire des arts et métiers et non sur celui des Archives, et par des procédés qu'il faudrait perfectionner. — A ces critiques, l'Académie des sciences de Paris répondit que la différence entre les nombres de Delambre et de Bessel était assez légère, que tout nombre nouveau devrait d'ailleurs être modifié plus tard par suite des progrès de la science : or on ne peut pas changer de mètre à chaque siècle.

Des savants de tous les pays ont collaboré avec les savants français, et l'unité qu'ils ont arrêtée ensemble peut être transmise très exactement. — A la suite de cet échange d'observations, les deux Académies se mirent d'accord pour demander la réunion d'un Congrès du mètre, devant étudier la question des mesures et de leurs meilleurs étalons.

La première réunion à Paris du *Congrès international du mètre* ayant été interrompue par la guerre, une seconde réunion eut lieu en 1872. Vingt États y furent représentés. Il fut résolu qu'on ne ferait pas une nouvelle mesure du méridien ; que le mètre et le kilogramme actuels seraient perpétués tels quels ; que les étalons seraient en platine iridié, de 102 centimètres pour limiter le mètre à deux traits, etc.

En 1873, les chimistes Deville et Debray coulèrent, à une température dépassant 2000°, les premiers mètres internationaux, à l'École normale supérieure. Ces mètres ont la même valeur scientifique, sinon historique, que le prototype des Archives qu'ils reproduisent parfaitement, et ils font loi à l'étranger.

Un musée du mètre a été, dans ces dernières années, réuni à l'Observatoire par M. Wolf.

❦

A dire vrai, nous n'avons fait, depuis les Grecs, que trois grandes découvertes en Mathématiques pures, mais elle ont une immense portée.

Descartes a inventé la *Géométrie analytique*, en représentant une courbe par une équation en x et y, qui est la relation constante entre les coordonnées de chaque point. Toute question de géométrie est alors transformée en une question d'algèbre.

Leibnitz et Newton ont, en même temps, trouvé le *Calcul infinitésimal* qui permet d'analyser si finement la variation continue des fonctions.

Enfin de nos jours, Cauchy et Chasles ont pu donner, à l'aide des imaginaires mieux comprises, une admirable et complète *généralité* à l'analyse et à la géométrie.

Nous allons passer une revue rapide des *plus grands mathématiciens*, de ces génies créateurs qui ont découvert et fondé la Science. Nous essaierons de caractériser chacun d'eux en reproduisant un jugement compétent et en citant l'œuvre capitale.

Euclide (400 av. J.-C.) ou la Géométrie élémentaire.

Jamais aucun livre de science n'a eu une aussi longue influence que les *Éléments d'Euclide*. Ils ont été traduits et commentés dans toutes les langues, enseignés exclusivement pendant des siècles dans toutes les Écoles de Mathématiques : on les suit encore en Angleterre.

ROUCHÉ.

Archimède (287-212 av. J.-C.) ou la Géométrie infinitésimale.

Ceux qui sont en état de comprendre Archimède

admirent moins les découvertes des plus grands hommes modernes.

LEIBNITZ.

Apollonius (de Perga) (200 av. J.-C.) ou la Géométrie des coniques.

L'ouvrage d'Apollonius sur les *Sections coniques* est pour ainsi dire le couronnement de la géométrie grecque... Tout y est coordonné symétriquement; l'unité du plan reflète, jusque dans les moindres détails, la pensée directrice de l'auteur, qui tend à lier entre elles toutes les sections du cône.

HOEFER.

Diophante (350 av. J.-C.) ou l'Algèbre naissante.

On ne peut pas dire que l'Algèbre, même élémentaire, soit sortie constituée de ses mains, et cependant on ne peut nier qu'elle n'y ait pris un développement très remarquable.

M. MARIE.

Viète (1540-1603) ou l'Algèbre en progrès.

C'est dans son ouvrage d'analyse, intitulé *Isagoge in artem analyticam*, que l'auteur expose pour la première fois une des théories les plus profondes et les plus abstraites que l'esprit humain ait inventées.

Bon FOURIER.

Galilée (1564-1642) ou la Mécanique.

La théorie générale du mouvement varié, inconnue

aux Anciens, prit naissance entre les mains de Galilée. Il trouva la loi de l'accélération des corps qui tombent librement par la pesanteur ou qui glissent sur des plans inclinés et il établit à ce sujet les propriétés générales du mouvement uniformément accéléré.

BOSSUT.

Fermat (1601-1665) ou l'Arithmétique supérieure.

Pour résoudre les questions difficiles sur les nombres, je considère Fermat comme le premier homme du monde.

PASCAL.

Descartes (1596-1650) ou la Géométrie analytique.

Ce qui a surtout immortalisé le nom de ce grand homme, c'est l'application qu'il a su faire de l'algèbre à la géométrie, idée des plus vastes et des plus heureuses que l'esprit humain ait jamais eues, et qui sera toujours la clef des plus profondes recherches, non seulement dans la géométrie, mais dans toutes les sciences physico-mathématiques.

D'ALEMBERT.

Pascal (1623-1662) ou l'Algèbre supérieure.

C'est le génie le plus étonnant, unique dans les Lettres, dans la Philosophie, la Religion et aussi dans les Mathématiques où sa profondeur est incroyable.

Newton (1642-1727) ou le Calcul infinitésimal.

Newton était maître de la méthode des fluxions avant que Leibnitz fût en possession du calcul différentiel, mais l'invention de Leibnitz était indépendante de celle de Newton et l'avait précédée comme publication.

BIOT.

Monge (1746-1818) ou la Géométrie descriptive.

Les constructeurs de toutes les professions, les architectes, les mécaniciens, les tailleurs de pierre, les charpentiers soustraits désormais à des préceptes routiniers, à des méthodes sans démonstration, se rappelleront avec reconnaissance que s'ils savent, que s'ils parlent la langue de l'ingénieur, c'est Monge qui l'a créée, qui l'a rendue accessible à tout le monde, qui l'a fait pénétrer dans les plus modestes ateliers.

ARAGO.

Laplace (1747-1827) ou la Mécanique céleste.

La loi newtonienne explique aujourd'hui tous les phénomènes connus. Plus les observations sont précises, plus elles sont conformes à la théorie. Laplace est de tous les géomètres celui qui a le plus approfondi ces grandes questions; il les a pour ainsi dire terminées.

. . . .

Laplace était né pour tout perfectionner, pour tout approfondir, pour reculer toutes les limites, pour résoudre ce que l'on aurait pu croire insoluble. Il aurait achevé la science du ciel (dans sa *Mécanique céleste*), si cette science pouvait être achevée.

Bon FOURIER.

Lagrange (1736-1813) ou la Mécanique rationnelle.

Le trait distinctif de son génie consiste dans l'unité et la grandeur des vues. Il s'attachait en tout à une pensée simple, juste et très élevée. Son principal ouvrage, la *Mécanique analytique*, pourrait être nommé la Mécanique philosophique, car il ramène toutes les lois de l'équilibre et du mouvement à un seul principe; et, ce qui n'est pas moins admirable, il les soumet à une seule méthode de calcul dont il est lui-même l'inventeur. Toutes ses compositions mathématiques sont remarquables par une élégance singulière, par la symétrie des formes et la généralité des méthodes et, si l'on peut parler ainsi, par la perfection du style analytique.

Bon FOURIER.

Cauchy (1789-1857) ou les Symboles.

Mathématicien profond, mais parfois un peu obscur; son œuvre est considérable : de fidèles disciples élucident et précisent des vues nouvelles et hardies qui fixeront la Science.

Chasles (1793-1876) ou la Géométrie supérieure.

Les travaux de M. Chasles sont le dernier terme des progrès continus réalisés par la Géométrie depuis soixante ans. Il suffit de citer l'*Aperçu historique*, la *Géométrie supérieure*... **La** Géométrie... a regagné sur l'Analyse le terrain perdu.

Rouché.

Le XVIIe siècle est aussi un grand siècle scientifique : Lois de Kepler, Géométrie de Descartes, Calcul infinitisémal, Attraction universelle...

Les histoires des mathématiques les plus importantes sont : 1° la grande histoire de Montucla en quatre volumes in-4°, dont les deux derniers sont de Lalande; 2° l'histoire de Bossut; 3° surtout l'histoire des sciences mathématiques de Maximillien Marie en douze volumes, œuvre nouvelle et considérable où sont résumées et analysées toutes les œuvres des mathématiciens.

Il nous manque cependant, pour les élèves et le public ordinaire, un résumé superficiel et clair. Nous le voudrions en trois parties : un aperçu d'ensemble, l'histoire de chaque branche et une table des découvertes et de leurs auteurs.

Nous devons aussi citer les travaux d'érudition et de critique de P. Tannery et de Charles Henry.

L'*Académie des sciences*, à l'Institut de France, comprend cinq sections pour les Mathématiques. Voici les noms des membres par ordre de nomination :

Géométrie. — Hermite; Bonnet; Jordan; Darboux; Halphen; Poincaré.

Mécanique. — Phillips; Resal; Lévy; Boussinesq; Deprez; Sarrau.

Astronomie. — Faye; Janssen; Lœwy; Mouchez; Félix Tisserand; Wolf.

Géographie et navigation. — Vice-amiral Pàris; Vice-amiral Jurien de La Gravière; Antoine d'Abbadie; Bouquet de La Grye; Grandidier.

Physique générale. — Fizeau; Edmond Becquerel; Berthelot; Cornu; Mascart; Lippmann.

Parmi les *Académiciens libres*, on remarque de Freycinet, Haton de La Goupillière, Vice-amiral de Fauque de Jonquières, etc.

Le grand prix des Sciences mathématiques a été remporté en 1888 par M. Émile Picard. Il s'agissait de « Perfectionner la théorie des équations algébriques à deux variables indépendantes ».

Le nouveau sujet proposé est le suivant : « Perfectionner, en un point important, la théorie des équations différentielles du premier ordre et du premier degré. »

Nous citerons encore parmi les mathématiciens contemporains D. André, Appell, Catalan, Fouret, Goursat, le P. Joubert, Kœnigs, E. Lucas, Mannheim, Méray, Moutard, Picard, Rouché, J. Tannery, etc. etc.

On a organisé, il y a quelques années, une *Société mathématique* qui compte plus de deux cents membres et qui publie le Bulletin de ses travaux.

Les principaux journaux de mathématiques sont : le *Journal de Mathématiques pures et appliquées*, fondé par Liouville et dirigé par Jordan; le *Bulletin des sciences mathématiques*, dirigé par Darboux ; les *Nouvelles Annales de mathématiques*, fondées par Gérono (notre doyen, né en 1799) et dirigées par Brisse et Rouché; le *Journal de mathématiques élémentaires et spéciales*, fondé par Bourget et dirigé par G. de Longchamps; le *Journal de mathématiques élémentaires*, dirigé par notre collaborateur Vuibert, etc.

PHILOSOPHIE ET MORALE — MÉLANGES

Tu as disposé tout par poids et par mesure.

BIBLE.

Les nombres gouvernent le monde.

PLATON.

Il y a de la géométrie partout.

LEIBNITZ.

Dieu, le grand géomètre. — Dieu géométrise sans cesse.

PLATON.

Dieu est un cercle dont le centre est partout et la circonférence nulle part.

PASCAL.

Il n'y a point de nombre aux yeux de Dieu. Comme il voit tout à la fois, il ne compte rien.

CONDILLAC.

Au milieu des causes variables et inconnues, que nous comprenons sous le nom de hasard, et qui rendent incertaine et irrégulière la marche des événements, on voit naître à mesure qu'ils se multiplient une régularité frappante qui semble tenir d'un dessein, et que l'on a considérée comme une preuve de la providence.

LAPLACE.

Je ne puis concevoir comment de si habiles mathématiciens nieraient un mathématicien éternel.

VOLTAIRE.

Platon avait écrit sur la porte de son école de philosophie ces mots : *Que nul n'entre ici, s'il n'est géomètre.*

Sans les mathématiques, on ne pénètre point au fond de la philosophie; sans la philosophie, on ne pénètre point au fond des mathématiques; sans les deux, on ne pénètre au fond de rien.

BORDAS-DESMOULIN.

Les lignes et les figures de la géométrie sont très propres pour représenter à l'imagination les rapports qui sont entre les grandeurs, ou entre les choses qui diffèrent du plus et du moins, comme les espaces, les temps, les poids, etc. Tant à cause que ce sont des objets très simples, qu'à cause qu'on les imagine avec beaucoup de facilité. On pourrait même dire à l'avantage de la géométrie, que les lignes peuvent représenter à l'imagination plus de choses que l'esprit n'en peut connaître, puisque les lignes peuvent exprimer les rapports des grandeurs incommensurables, c'est-à-dire des grandeurs dont on ne peut connaître les rapports à cause qu'elles n'ont aucune commune mesure par laquelle on en puisse faire la comparaison.

. . . .

Ce qui ne peut se faire qu'en beaucoup de temps par l'arithmétique se fait en un moment par l'algèbre et l'analyse, sans que l'esprit se brouille par le changement des chiffres et par la longueur des opérations. Une opération particulière d'arithmétique ne découvre qu'une vérité, une semblable opération d'algèbre en découvre une infinité.

L'algèbre…apprend à faire sur ces grandeurs littérales tous les calculs qui servent à déduire les rapports les plus difficiles et les plus composés qu'on puisse désirer de savoir des mêmes grandeurs qui sont déjà connues. Ses calculs sont les plus simples, les plus faciles et en même temps les plus généraux qu'on puisse concevoir.

MALEBRANCHE.

Il y a beaucoup de différence entre l'esprit de géométrie et l'esprit de finesse. En l'un, les principes sont
palpables, mais éloignés de l'usage commun ; de sorte
qu'on, a peine à tourner la tête de ce côté-là,
manque d'habitude ; mais, pour peu qu'on s'y tourne,
on voit les principes à plein ; et il faudrait avoir tout à
fait l'esprit faux pour mal raisonner sur des principes
si gros qu'il est presque impossible qu'ils échappent.

Mais dans l'esprit de finesse, les principes sont dans
l'usage commun et devant les yeux de tout le monde.
On n'a que faire de tourner la tête, ni de se faire vio-
lence. Il n'est question que d'avoir bonne vue ; mais il
faut l'avoir bonne, car les principes sont si déliés et
en si grand nombre qu'il est presque impossible qu'il
n'en échappe. Or, l'omission d'un principe mène à
l'erreur : ainsi il faut avoir la vue bien nette pour voir
tous les principes, et ensuite l'esprit juste pour ne pas
raisonner faussement sur des principes connus.

Tous les géomètres seraient donc fins s'ils avaient la
vue bonne et les esprits fins seraient géomètres s'ils
pouvaient plier leur vue vers les principes inaccoutumés
de la géométrie.

Ce qui fait que certains esprits fins ne sont pas géomètres, c'est qu'ils ne peuvent du tout se tourner vers les
principes de géométrie ; mais ce qui fait que des géomètres ne sont pas fins, c'est qu'ils ne voient pas ce
qui est devant eux ; et qu'étant accoutumés aux principes nets et grossiers de la géométrie, et à ne raisonner qu'après avoir bien vu et manié leurs principes,
ils se perdent dans les choses de finesse, où les principes ne se laissent pas ainsi manier. On les voit à

peine, on les sent plutôt qu'on ne les voit : ce sont choses tellement délicates et si nombreuses, qu'il faut un sens bien délié et bien net pour les sentir, et sans pouvoir le plus souvent les démontrer par ordre comme en géométrie, parce qu'on n'en possède pas ainsi les principes, et que ce serait une chose infinie de l'entreprendre. Il faut tout d'un coup voir la chose d'un seul regard, et non pas par progrès de raisonnement, au moins jusqu'à un certain degré. Et ainsi il est rare que les géomètres soient fins, et que les esprits fins soient géomètres; à cause que les géomètres veulent traiter géométriquement les choses fines, et se rendent ridicules, voulant commencer par les définitions, et ensuite par les principes; ce qui n'est pas la manière d'agir dans cette sorte de raisonnement. Ce n'est pas que l'esprit ne le fasse; mais il le fait tacitement, naturellement et sans art, car l'expression en passe tous les hommes, et le sentiment n'en appartient qu'à peu.

Et les esprits fins, au contraire, ayant accoutumé à juger d'une seule vue, sont si étonnés quand on leur présente des propositions où ils ne comprennent rien, et où, pour entrer, il faut passer par des définitions et des principes stériles, et qu'ils n'ont pas accoutumé de voir ainsi en détail, qu'ils s'en rebutent et s'en dégoûtent. Mais les esprits faux ne sont jamais ni fins ni géomètres.

Les géomètres qui ne sont que géomètres ont donc l'esprit droit, mais pourvu qu'on leur explique bien toutes choses par définitions et par principes : car ils ne sont droits que sur les principes bien éclaircis. Et les esprits fins qui ne sont que fins, ne peuvent avoir la patience de descendre jusqu'aux premiers principes des choses spéculatives et d'imagination, qu'ils n'ont jamais vues dans le monde et dans l'usage.

PASCAL.

J'ai insinué que les Mathématiques étaient fort utiles pour accoutumer l'esprit à raisonner juste et avec ordre; ce n'est pas que je croie nécessaire que tous les hommes deviennent des mathématiciens : mais lorsque par cette étude, ils ont acquis la bonne méthode du raisonnement, ils peuvent l'employer dans toutes les autres parties de nos connaissances...

L'algèbre donne de nouvelles vues et fournit de nouveaux secours à l'entendement..

LOCKE.

Des Éléments de Géométrie traités ainsi deviendraient en quelque sorte d'excellents éléments de logique, et seraient peut-être les seuls qu'il faudrait étudier. Lorsque l'esprit est naturellement juste, il porte avec lui la faculté de reconnaître si une proposition simple est vraie ou non. Il est beaucoup plus utile d'exercer cette faculté, que de disserter à perte de vue sur sa nature. Si l'on voulait remporter le prix de la course, on penserait plutôt sans doute à exercer ses jambes qu'à raisonner sur le mécanisme de la marche. « Les règles, dit Condillac, sont comme des garde-fous mis sur les ponts, non pas pour faire marcher les voyageurs, mais pour les empêcher de tomber. » Si cela est, ainsi qu'il n'est pas permis d'en douter, il faut que les règles soient fort simples et en petit nombre. Celles de Descartes et de Pascal me paraissent suffisantes pour les esprits droits; quant aux autres, la Géométrie ne saurait exister pour eux.

LACROIX.

Nous voyons par expérience qu'entre esprits égaux et toutes choses pareilles, celui qui a de la géométrie l'emporte et acquiert une vigueur toute nouvelle.

PASCAL.

Si l'esprit d'un homme s'égare, faites lui étudier les mathématiques; car dans les démonstrations, pour peu qu'il s'écarte, il sera obligé de recommencer.

F. BACON.

L'avancement, le perfectionnement des mathématiques sont liés à la prospérité de l'État.

NAPOLÉON.

Le siècle est plus que jamais dominé par les mathématiques.

RAMBAUD.

Lors de la création de l'Université impériale, on dut enseigner « le français, le latin et les mathématiques. » Ce n'était pas assez, mais nous enseignons trop de choses maintenant.

Ne tenez pour certain que ce qui est démontré.

NEWTON.

Ce qui passe la géométrie nous surpasse.

PASCAL.

Mesurer, c'est savoir.

KEPLER.

Nous devons plutôt nous fier au calcul algébrique qu'à notre jugement.

EULER.

La vie n'est bonne qu'à étudier et à enseigner les mathématiques.

POISSON.

Le commentaire de Bachet sur Diophante ne fera pas diminuer le prix du pain, remarquait le judicieux Malherbe.

Qu'est-ce que cela prouve? demandait d'Alembert, à propos de l'*Iphigénie* de Racine.

Le bon sens ne perd jamais ses droits: opposer à l'évidence une formule démontrée, c'est à peu près comme si, pour refuser à un homme le droit de vivre, on alléguait devant lui un acte de décès authentique.

J. BERTRAND.

Les mathématiques ne doivent pas dégénérer en une débauche de logique.

J. BERTRAND.

Les mathématiques pures sont une clef d'or qui ouvre toutes les sciences.

V. DURUY.

Dans les sciences mathématiques, il y a beaucoup de formules qu'on appelle générales et qui cependant sont soumises à certaines exceptions : comment n'en serait-il pas de même dans les sciences morales, dont les données sont beaucoup moins précises que celles des premières ?

L'avantage qu'il y a à réunir sous un même énoncé le plus grand nombre possible de vérités ou de préceptes conduit aux propositions générales, et, lorsqu'il y a des cas particuliers où ces propositions sont en défaut, cela n'empêche pas de les maintenir, en indiquant les exceptions. C'est ainsi que les formules algébriques qui donnent les solutions des questions de nombre et sont d'un usage indispensable deviennent illusoires lorsque les nombres donnés se trouvent dans certaines conditions particulières bien déterminées.

DUHAMEL.

Les nuances délicates des idées morales échappent à la rigueur des raisonnements mathématiques, et une habitude trop exclusive de ceux-ci porte assez souvent l'esprit à vouloir tout réduire à des règles invariables, à des principes absolus ; méthode si dangereuse, quand on l'applique au gouvernement des sociétés humaines, ou seulement aux rapports particuliers qui nous lient avec les autres hommes.

CUVIER.

Le goût de l'exactitude, l'impossibilité de se contenter de notions vagues, de s'attacher à des hypothèses quelque séduisantes qu'elles soient, le besoin d'apercevoir clairement la liaison des propositions et le but où elles tendent, sont les fruits les plus précieux de l'étude des mathématiques.

LACROIX.

Les mathématiques sont une forte école de logique appliquée, elles nous forment indirectement à bien raisonner sur d'autres sujets que les nombres et les lignes.

Vous aimez, vous voulez le vrai ; il importe que vous soyez pénétrés de la méthode à l'aide de laquelle on le découvre et on l'établit. Cette méthode est la même, qu'il s'agisse des plus hautes spéculations ou des questions de la vie ordinaire ; ce n'est pas le syllogisme presque exclusivement détaillé jadis : il condamne la déduction lorsqu'elle est fautive, mais il n'apprend pas à la mettre en mouvement pour augmenter la connaissance. La méthode générale, c'est l'analyse, non pas

l'insuffisante analyse de Condillac, qui se borne à décomposer le tout en ses parties pour mieux l'étudier, mais
cette analyse plus large et plus féconde que les Anciens
nous ont transmise.

Chaque fois que l'esprit veut chercher ou prouver, il
substitue à plusieurs reprises à la chose en question une
chose dont elle est la conséquence jusqu'à ce qu'il arrive
à une chose connue. Le succès dépend du choix des
relais ; c'est un art précieux, dit Leibnitz, que celui de
s'aviser quand il faut de ce qu'on sait. On peut ainsi
définir rapidement l'analyse pour la rappeler à ceux qui
la connaissent, mais une pratique longue et attentive est
seule capable d'en faire une habitude aisée et définitive.

Les mathématiques, par la clarté et le petit nombre
des données primitives, — car là non plus on ne définit
pas tout et on ne prouve pas tout, — les mathématiques
fournissent la première application, l'application commode, je dirai même indispensable de l'analyse. Platon
écrivant sur la porte de son école : « Que nul n'entre
ici s'il n'est géomètre », déclarait incapables d'aborder
les questions philosophiques ceux qui n'avaient pas
d'abord appris à raisonner en géométrie.

On admet au début quelques notions, quelques propositions qui brillent par elles-mêmes et c'est avec elles
seules que toute la science se fait. Nous devons ainsi à
Euclide et à ses successeurs une trame serrée de vérités
utiles ou curieuses, enchaînées dans un bel ordre. Mais
ce n'est pas assez de comprendre la doctrine des maîtres,
il faut pouvoir y rattacher vous-mêmes les problèmes
nouveaux et découvrir aussi à votre tour : voilà pourquoi on soumet à vos efforts des exercices mathéma-

tiques nombreux et gradués. D'une part, vous apprenez, par la démonstration des théorèmes et la vérification des problèmes, à tirer d'un principe ses conséquences, et de l'autre vous apprenez, par l'invention des problèmes et par l'exposition des théorèmes, lorsque le professeur fait semblant de chercher devant vous, à rattacher un fait particulier aux principes d'où il découle. Plus tard, je le crains et je m'y résigne, vous oublierez le détail de Legendre et vos propres travaux, mais toute cette géométrie aura aiguisé votre esprit, vous serez experts sur tout sujet à dégager d'une idée ce qu'elle contient, à substituer à une question d'autres plus aisées, à avancer vers la solution. Cette solution, vous ne l'atteindrez pas toujours, mais vous aurez d'autant plus de chances de l'atteindre que vous serez mieux dressés à chercher, à chercher patiemment, méthodiquement. Tout au moins, vous n'humilierez pas la raison en tirant le faux du vrai.

Presque toujours et quel que soit l'objet qui vous occupe, vous aurez recours à une analyse progressive, tenace, prudente qui vous préservera des aventures. Il ne faut pas cependant bannir de la recherche, dans les sciences et ailleurs, une certaine hardiesse, l'audace même. Parfois l'inventeur, heureusement inspiré, court vers le but et l'atteint en sautant les intermédiaires. Mais il doit ensuite serrer la chaîne logique, autrement sa découverte ne serait définitive ni pour les autres ni pour lui-même.

Trois groupes d'esprits ne méritent pas qu'on leur livre des vérités. Les premiers n'en font aucun usage, ils sont inertes; ils ne vont jamais en avant, ce sont des enfants trop faibles pour marcher seuls. Les seconds croyant raisonner rencontrent l'erreur, ils marchent, mais, hélas! c'est pour tomber souvent. Les troisièmes ne sont plus à plaindre mais à flétrir, ils faussent le vrai de parti pris, ce sont des sophistes, ils connaissent la route mais ils suivent les chemins tortueux qui les mènent où leur passion veut. Une consciencieuse fréquentation des sciences vous évitera d'être rangés dans ces catégories : vous saurez et vous voudrez marcher seuls et marcher droit.

Vous repousserez non seulement le faux, mais encore l'incomplet, l'approximatif, le vague qui nous envahissent. Voilà l'ennemi de tous les jours, ennemi fuyant, insaisissable. Que d'assertions qui ne sont pour ainsi dire ni vraies ni fausses, que de pensées à peine ébauchées échappant par là même à la réfutation! La faute en est aux hommes seulement littéraires, sans lest scientifique, ils sont frivoles et vains et ils dissertent avec facilité sur ce qu'ils ignorent. Mais vous, vous vous tairez lorsque vous n'aurez rien à dire; mais lorsque vous parlerez, lorsque vous écrirez, ce sera judicieusement, fermement, « chaque mot signifiera ».

J'ai jusqu'ici supposé expressément des principes faciles, clairs et certains comme le sont ceux des sciences formées, mais dans beaucoup de spéculations on n'a pas cette commodité. De là un péril grave contre lequel vous vous tiendrez en garde. Les esprits rigoureux qui sont mal partis avancent héroïquement en ligne droite ; sûrs de leurs déductions, ils sont d'une ténacité déplorable ; ils proclament, ils imposent leurs conclusions telles quelles, comme des dogmes. Un historien irrité est allé

jusqu'à accuser les hommes de science des malheurs
de la patrie vers la fin du siècle dernier. Vous vous
arrêterez donc dès le seuil, — c'est absolument indispensable, — vous vous arrêterez longtemps sur les idées,
sur les assertions fondamentales, et vous ferez porter
directement sur elles tout l'effort de votre attention.
Cette étude intrinsèque des principes est souvent compliquée, quelquefois impuissante, mais malheur à qui
la néglige. Il n'y a presque rien à dire de général sur
cette étude; elle dépend de la justesse, de la force,
de la finesse natives ou acquises de l'esprit; mais elle
dépend surtout de la nature des questions : vous invo-
querez tantôt des axiomes, tantôt l'observation, cette
grande maîtresse, tantôt des conventions, tantôt des
hypothèses. Quoi qu'il en soit, n'oubliez jamais que tant
valent les prémisses tant valent les déductions; pesez
de votre mieux ces prémisses, et si elles sont seulement
probables, recevez aussi comme seulement probable
tout ce que vous en tirerez. Le raisonnement garde dans
tous les cas sa valeur relative et, au pis aller, vous aurez
cette consolation de ne pas ajouter à l'imperfection des
données.

Le domaine de la pure raison est vaste et soumis à
des règles absolues, mais il y a à côté des domaines
plus libres. Vous ne serez pas positifs toujours et quand
même, vous ne traiterez pas avec une rigueur trop grande
des sujets qui ne comportent pas cette rigueur. Je veux
parler d'abord des études dont les éléments sont trop
complexes : la politique, une fois d'accord avec la
morale, doit être flexible et tenir grand compte des
races, des mœurs, des traditions; la médecine s'occupe

de la matière animée que les lois physiques ordinaires ne régissent pas seules, elle varie ses prescriptions d'après le tempérament et l'esprit du malade ; le droit lui-même laisse beaucoup à l'appréciation du juge parce que nos codes, malgré leur étendue, ne peuvent pas prévoir tous les cas, toutes les circonstances. Je veux parler en second lieu des questions toutes de nuance et d'impression personnelle : de certains sentiments qui naissent et grandissent mystérieusement dans l'âme, de l'art qui choisit et épure les plus belles réalités, du goût individuel, de la poésie. Il faut laisser en paix l'humanité croire, espérer, rêver. N'allez pas criant à tout propos et hors de propos : Pourquoi cela ? Qu'est-ce que cela prouve ? Mot de je ne sais quel mathématicien après la lecture de l'*Iphigénie* de Racine. Lorsque votre imagination s'éveille, laissez-la voler à sa fantaisie. Ne prenez pas de grosses balances pour peser des toiles d'araignée. — Ces idées dont j'ai fait deux classes et qui, pour des motifs différents, échappent à la déduction formelle, ont leur grande importance, leur irrésistible attrait ; vous vous garderez de les dédaigner comme incertaines ou futiles. Pascal a tort d'affirmer que « ce qui passe la géométrie nous surpasse. »

Quelques-uns ont une estime outrée, exclusive pour la forme du raisonnement en mathématiques, forme concise, sèche, nerveuse et tout à fait déplacée dans beaucoup de questions susceptibles pourtant de précision. Du reste, la rigueur est dans le fond même du raisonnement, et, s'il est faible, vous aurez beau le couper de conjonctions et lui donner un faux dehors scientifique. Spinosa ne fortifie guère sa philosophie en la disposant par théorèmes et par corollaires, il rend seulement son accès plus difficile. N'imitez pas ces formalistes impitoyables qui distinguent, divisent, subdivisent et en arrivent parfois à sacrifier le fond à la forme et quelle forme ! ils font comprendre ce vers paradoxal :

Et le raisonnement en bannit la raison.

Vous voilerez cet appareil et vous craindrez de compromettre une bonne cause par une argumentation peut-être exacte mais raide, hérissée, rebutante. Il convient, dans la vie, de varier, de délayer un peu les preuves, de les fleurir discrètement, enfin d'avoir raison avec un certain agrément.

Il est un autre travers du même genre mais plus spécial. C'est celui d'invoquer le secours de l'algèbre, de ses signes, de ses équations là où elle n'a rien à voir. Ne s'est-on pas avisé de traiter algébriquement l'économie politique ? Pour qu'un problème puisse être mis en équation, il faut que ses données soient d'une simplicité, d'une netteté bien rares. Presque toujours les nombreuses équations de condition, alors qu'on pourrait les écrire, embarrasseraient le calcul qui se traînerait péniblement. N'oubliez pas d'ailleurs que le calcul n'est qu'un instrument, il ne facilite pas l'analyse par une vertu propre, il ne dirige pas l'esprit, il doit être dirigé par lui. Cet instrument ne travaille que quelques matières, mais alors que vous pourriez lui soumettre des conceptions peu précises qu'il aiderait à déployer, il ne leur donnerait aucune consistance.

En résumé, les mathématiques, par leurs types excellents d'analyse, nous apprennent, suivant l'expression de Descartes, « à conduire par ordre nos pensées » et nous préparent ainsi aux divers travaux de l'esprit et aux affaires de la vie, parce que *l'analyse sert partout*. Il y a cependant quelques périls, quelques abus à signaler : l'adhésion trop confiante aux principes, le traitement trop rigoureux de certains sujets, un goût trop prononcé pour la forme du raisonnement géométrique et pour la mise en formules.

Depuis huit jours, j'ai vu le premier rayon de lumière ; depuis trois, j'ai vu le jour ; enfin, à cette heure, je vois le soleil de la plus admirable contemplation. Rien ne me retient plus, je m'abandonne à mon enthousiasme ; je veux braver les mortels par l'aveu franc que j'ai dérobé les vases d'or des Égyptiens, pour en former à mon Dieu un tabernacle loin de l'Égypte idolâtre. Si l'on me pardonne, je m'en réjouis ; si l'on s'irrite, je me résigne. Le sort en est jeté, j'écris mon livre. On le lira dans l'âge présent ou dans l'avenir, que m'importe ! Il peut attendre son lecteur : Dieu n'a-t-il pas attendu six mille ans pour se donner un contemplateur de ses œuvres.

KÉPLER.

VARIÉTÉS ET ANECDOTES

Quittons la région sévère des généralités, des principes et des abstractions et reposons-nous en observant la science et les savants par le côté familier. Nous ne chercherons pas à classer des anecdotes qu'on peut feuilleter au hasard, nous nous bornerons à mettre un petit titre à chacune.

TABLEAU QUI MARCHE

Ampère était d'une distraction légendaire. Un jour, il se mit à calculer sur la caisse noire d'un fiacre, avec le bout de craie qu'il portait toujours sur lui. Le fiacre se mettant en marche, le mathématicien le suivit en courant pour continuer ses équations.

DÉFIS ET PARIS

Autrefois les mathématiciens se proposaient des problèmes les uns aux autres, ils cachaient leurs propres solutions et le gagnant recevait une somme d'argent. Les correspondances des savants au xvie et au xviie siècles sont pleines de piquants détails à ce sujet. Le P. Mersenne était souvent pris pour arbitre.

⁂

IL EST FACILE DE VOIR

Une fois, ayant demandé à Laplace quelque explication sur sa mécanique céleste, je le vis passer près d'une heure à tâcher de ressaisir la chaîne des raisonnements qu'il avait supprimée en disant négligemment : *il est facile de voir que...*

BIOT.

⁂

ANXIÉTÉ

On ne peut baser aucun raisonnement sur une série divergente, c'est-à-dire sur une suite régulière de termes dont la somme croît au delà de toute limite. Les géomètres du XVIIIᵉ siècle n'ont guère tenu compte de la convergence des séries et c'est Cauchy qui a éclairé le premier la question. On raconte qu'après une des communications de ce dernier à l'Académie, Laplace quitta brusquement ses confrères, et se renferma chez lui pendant près d'un mois pour vérifier la convergence de toutes les séries sur lesquelles est fondée sa mécanique céleste. Heureusement, aucune n'était divergente !

⁂

UNE CASQUETTE

Lorsqu'en 1826, Abel, mathématicien suédois, vint à Paris voir nos mathématiciens, il était coiffé d'une casquelle étrange qui lui nuit beaucoup. Ce savant mort très jeune avait pourtant du génie : c'est lui qui a découvert les fonctions elliptiques et établi l'impossibilité de la résolution algébrique des équations de degré supérieur au quatrième.

PRÉCOCITÉ

Lagrange disait en 1801 à propos de Cauchy : vous voyez ce petit jeune homme, eh bien! il nous remplacera tous tant que nous sommes de géomètres.

LA SALADE

Hier, raconte Képler, fatigué d'écrire et l'esprit troublé par des méditations sur les atomes, je fus appelé pour dîner, et ma femme Barbara apporta sur la table une salade. — Penses-tu, lui dis-je, que si, depuis la création, des plats d'étain, des feuilles de laitue, des grains de sel, des gouttes d'huile et de vinaigre et des fragments d'œufs durs flottaient dans l'espace, le hasard pût les rapprocher aujourd'hui pour former une salade? — Pas si bonne, à coup sûr, répondit ma belle épouse, ni si bien faite que celle-ci.

LE TONNEAU

Comme je venais de me marier, dit ailleurs Képler, la vendange étant abondante et le vin à bon marché, il était du devoir d'un bon père de famille d'en faire provision et de garnir ma cave. Ayant donc acheté plusieurs tonneaux, quelques jours après, je vis arriver mon vendeur pour fixer le prix en mesurant leur capacité : sans exécuter aucun calcul, il plongeait une baguette de fer dans chaque tonneau et déclarait immédiatement leur contenance...

Sous l'influence d'un bon génie qui sans doute était géomètre, les constructeurs de tonneaux leur ont précisément donné la forme qui, pour une même longueur donnée à la ligne mesurée par les jauges, leur assure la plus grande capacité possible ; et comme aux environs du maximum les variations sont insensibles, les petits écarts accidentels n'exercent aucune influence appréciable sur la capacité, dont la mesure expéditive est par suite suffisamment exacte.

... Qui peut nier que la nature seule, sans aucun raisonnement, puisse engendrer la géométrie, lorsqu'on voit nos tonneliers, conduits par leurs yeux et par l'instinct du beau, deviner la forme qui se prête le mieux à une mesure exacte!

DEUX VOLEURS

L'un est le trop fameux Libri, savant et érudit, auteur d'une histoire des Mathématiques en Italie, qui a pillé nos bibliothèques dont il était l'Inspecteur. Il s'est sauvé en Angleterre, il a été condamné par les tribunaux, et il est mort misérablement en 1869. La

Bibliothèque nationale a pu racheter la plupart des livres rares dont elle avait été dépouillée.

Le second voleur est l'escroc Vrain Lucas qui a mystifié le géomètre Chasles en lui vendant, de 1867 à 1869, des autographes d'après lesquels Pascal aurait fait la plupart des découvertes attribuées à Newton. Le faussaire a été condamné à deux ans de prison : il avait avoué avoir fait et trafiqué plus de vingt mille faux autographes.

LE TRIBUNAL DES MATHÉMATIQUES

Les instruments dont le tribunal des mathématiques fait actuellement usage, pour rédiger l'almanach présenté à S. M. Kouang-Siu et désigner les jours fastes ou néfastes, ont été construits en 1670, sous la direction du Père Verbiest, missionnaire français. Ils ne permettent qu'une précision de dix minutes de degré, tandis que nous pouvons évaluer à l'aide des nôtres jusqu'aux dixièmes de seconde, d'où une précision six mille fois plus grande. On ne s'occupe guère à Pékin que de calendrier et d'astrologie et on est porté à y croire la Terre toujours immobile au centre de l'espace céleste.

A UNE VEUVE

Madame, écrit Newton à lady Norris, votre grand chagrin pour la perte de Sir William montre que, s'il était revenu bien portant, vous auriez été heureuse de vivre avec un mari, et par conséquent votre aversion à vous remarier maintenant ne peut venir d'autre chose que de celui que vous avez perdu. Penser toujours aux morts, c'est mener une vie mélancolique au milieu de tombeaux. Et la maladie que la douleur vous a amenée lorsque vous avez reçu la première nouvelle de votre veuvage, montre à quel point il est ennemi de votre santé. Pouvez-vous vous résoudre à passer le reste de vos jours dans le chagrin et dans la maladie ? Pouvez-vous vous résoudre à porter le costume de veuve, un costume qui est moins agréable à la société, un costume qui vous rappelle toujours le mari que vous avez perdu ?...

Le remède convenable à tous ces maux est un nouveau mari... D'ailleurs votre vie pourra être mieux en rapport avec votre qualité que vivant seul avec vos biens ; et puisque la personne proposée ne vous déplaît pas, je ne doute pas que, dans peu, vous ne me fassiez part de votre inclination à vous marier, ou qu'au moins vous ne me donniez la permission d'en causer avec vous.

MUET

On raconte que Newton, qui fut membre de la Chambre des Communes, y restait silencieux et distrait. Il n'ouvrit la bouche qu'une fois pour prier un huissier de fermer une fenêtre qui produisait un courant d'air.

LE COMPAS

Nul ne peut d'hérésie accuser le compas
Ni décréter qu'un corps tournant ne tourne pas.

PONSARD : Galilée.

Plus d'une erreur passe et repasse
Entre les branches d'un compas.

BÉRANGER.

LA SAVANTE

Vous devriez ..
M'ôter, pour faire bien, du grenier de céans,
Cette longue lunette à faire peur aux gens
Et cent brimborions dont l'aspect importune :
Ne point aller chercher ce qu'on fait dans la lune
Et vous mêler un peu de ce qu'on fait chez vous,
Où nous voyons aller tout sans dessus dessous.

MOLIÈRE.

Elle résout d'un mot, en plaçant sa fontange,
Ces grandes questions qui terrassent Lagrange.
On voit sur sa toilette un Euler, un Pascal,
Salis et barbouillés de rouge végétal.
Elle trouve en Newton je ne sais quoi d'aimable
Et l'algèbre a pour elle un charme inexprimable.
Le soir, dans un donjon, d'un regard curieux,
Au bout d'une lunette interrogeant les cieux,
Son œil observateur y poursuit la comète;
Lalánde tous les ans lui vole une planète.

(L'Art de dîner en ville.)

ENTÊTEMENT

Bernardin de Saint-Pierre ne comprenait pas la question du rayon de courbure de l'ellipsoïde terrestre et il fatiguait l'Institut de ses notes. « Apprenez le calcul différentiel, lui dit un jour Napoléon, et vous lèverez vous-même vos ridicules objections. »

LES MATHÉMATIQUES RECONSTITUÉES

Le général Poncelet, officier du génie sous le premier Empire, fut fait prisonnier pendant la terrible guerre de Russie et interné en Sibérie. Lorsque, pour se distraire, il voulut travailler les mathématiques, il constata qu'il les avait complètement oubliées, par suite du froid et de la fatigue. Alors, sans aucun livre, il reconstitua peu à peu toutes ces sciences à sa manière. Il a conservé et publié ses notes, pleines d'aperçus nouveaux et tout à fait personnels.

POLITESSE

Un professeur anglais avait habitué ses élèves à se lever à chaque grand nom de mathématicien qu'il prononçait et à pousser un hurrah lorsqu'il était question d'Archimède ou de Newton.

DÉNOMINATEUR A LA MAISON

Dans un cours public, le professeur M. Lefébure de Fourcy, écrivant au tableau d'après ses notes une très longue formule, dut s'excuser en disant : « Messieurs, j'ai oublié le dénominateur à la maison ».

❧

LOULOU

L'avenir est à la science. Loulou (une fillette de quinze ans, l'héroïne d'un livre de Gyp) en « potassant les mat. », vous êtes « dans l'train ».

A. FRANCE.

❧

LE KORAN

Les Musulmans ont un tel respect pour le Koran qu'ils savent jusqu'au nombre des mots et même des lettres qui le composent : 77 639 mots et 329 015 lettres.

❧

UN COMPTEUR

Un homme qui consacrerait sa vie à énoncer ou à écrire la suite des nombres atteindrait à peine un milliard : le temps lui manquerait pour aller plus loin.

Notre dette publique exige 1 292 319 475 francs par an sur un budget qui s'élève à trois milliards onze millions neuf cent soixante et quatorze mille huit cent vingt-huit francs.

❧

LA DIVISION

La règle de cette opération a été résumée en un seul vers :

Divide, multiplica, subduc, transferque secantem.

Un professeur, pour faire retenir la théorie réputée difficile de la division, disait : « dans le second cas, vous coupez la tête du diviseur et, dans le troisième, vous coupez la tête du quotient. »

⁂

DIVISEUR ET RAMASSE-TOUT

Jean Macé, dans l'*Arithmétique de grand papa*, personnifie ainsi l'analyse et la synthèse : le livre est enfantin mais il est ingénieux et charmant.

⁂

DÉTERMINISME

Le monde matériel est soumis à des lois rigoureuses. Celui qui connaîtrait les positions exactes de tous les corps, leur masse et les forces qui les sollicitent, pourrait prédire minutieusement les plus petits mouvements des plus petits d'entre eux. Laplace l'explique d'une façon saisissante dans un de ses livres.

⁂

UN OUBLI

Le régiment d'artillerie en garnison dans notre ville est parti pour les grandes manœuvres, *en oubliant d'emporter les trajectoires.*

(*Extrait d'un journal.*)

DOUZE FOIS DOUZE?

L'abbé Bossut, le mathématicien, était à l'agonie, on le croyait déjà mort, lorsque son confrère, Maupertuis, lui demanda : « Douze fois douze? » « Cent quarante-quatre » répondit faiblement le moribond.

LA POLICE

La police russe a fait emprisonner un voyageur porteur d'une table de logarithmes qu'elle considère comme une longue correspondance chiffrée des plus compromettantes.

DESCENDRE D'OMNIBUS

Je venais de lire, dans la *Revue scientifique*, un article de mécanique sur l'art de descendre d'omnibus. J'essayai cette fois de descendre par principe et... je me foulai un pied.

LEVERRIER NEPTUNE

On cite quelquefois ce vers de Lemierre, poète oublié,

Le trident de Neptune est le sceptre du monde.

Ce vers (solitaire) a été appliqué à l'astronome Leverrier, tout puissant sous le second empire. C'était un savant illustre, le continuateur de Laplace : on vient de lui dresser une statue dans la cour de l'Observatoire.

DIVISIONS DU MÈTRE CARRÉ

Sous le gouvernement de Juillet, il a été promulgué une loi sur le Timbre et l'Enregistrement dans le texte de laquelle le décimètre carré était confondu avec le dixième du mètre carré. Les instituteurs en ont bien ri.

PORTRAIT D'UN MATHÉMATICIEN

Ce tableau du flamand Bol est au musée du Louvre. Le savant, en noir, tient d'une main une règle et de l'autre il montre une figure géométrique ; il est grave et il semble méditer. — Il y a aussi *un mathématicien* de Vélasquez au musée de Besançon.

QUATRE MATHÉMATICIENNES

1° *Hypatie* (IVe et Ve siècles avant J. C.), fille du savant Théon, a enseigné à Alexandrie la philosophie et les mathématiques. Elle a eu pour disciple Syrésius, qui devint évêque, et elle est morte massacrée par la populace. Elle a laissé des commentaires de Ptolémée et d'Apollonius.

2° *Du Chatelet* (Marquise) (1706-49), née à Paris, a concouru pour le prix de l'Académie des Sciences, a eu une dispute célèbre avec Mairan sur les forces vives et a traduit les *Principes* mathématiques de philosophie naturelle de Newton.

3° *Agnesi* (Marie) (1718-99), née à Milan. Le pape l'autorisa à remplacer son père qui enseignait les mathématiques à l'Université de Bologne. Ses *Institutions analytiques* (calcul infinitésimal) ont été traduites par Bossut.

4° *Sophie Germain* (1776-1831), née à Paris, a étudié le calcul différentiel pendant la Terreur, a argumenté avec Lagrange et Gauss, cherché les démonstrations de Fermat et traité les surfaces élastiques de façon à mériter le grand prix de mathématiques de l'Académie des Sciences.

5° Nous ne parlerons pas de nos contemporaines, Madame de Kowalewski, professeur à l'Université de Stockholm, qui vient d'obtenir un prix de l'Institut de France, et Mademoiselle Bortnicker, licenciée et agrégée en mathématiques, connue par ses études sur les cyclides.

UN OFFICIER

Le grand Descartes, au service de la Hollande en 1617, vit contre un mur une affiche en flamand qu'il se fit traduire par un passant. C'était un géomètre qui proposait un problème difficile.

L'officier Descartes le résolut sur-le-champ.

MADRIGAL ALGÉBRIQUE

Sans doute vous serez célèbre
Par les grands calculs de l'algèbre
Où votre esprit est absorbé :
J'oserais m'y livrer moi-même ;
Mais, hélas ! A + C − B
N'est pas = à je vous aime.

VOLTAIRE.

THÉATRE SCIENTIFIQUE

Sous ce titre M. de Mirval a essayé de dramatiser plusieurs épisodes de la vie des savants, par exemple les persécutions de Kepler. Ponsard avait déjà fait un Galilée en cinq actes. Enfin, Louis Figuier, le célèbre vulgarisateur, a aussi composé des pièces à donnée scientifique.

UN JEUNE ANGLAIS

Dickens raconte qu'un étudiant, ayant négligé l'arithmétique, procédait toujours par addition. Il entra un jour dans une boutique d'épicerie et l'utilité de la multiplication lui fut enfin révélée.

UN GÉOMÈTRE

Je passais l'autre jour sur le Pont-Neuf avec un de mes amis : il rencontra un homme de sa connaissance qu'il me dit être un géomètre; et il n'y avait rien qui y parût, car il était dans une rêverie profonde : il fallut que mon ami le tirât longtemps par la manche et le secouât pour le faire descendre jusqu'à lui, tant il était préoccupé d'une courbe qui le tourmentait peut-être depuis plus de huit jours!...

Son esprit régulier toisait tout ce qui se disait dans la conversation. Il ressemblait à celui qui, dans un jardin, coupait avec son épée la tête des fleurs qui s'élevaient au-dessus des autres. Martyr de sa justesse, il était offensé d'une saillie, comme une vue délicate est offensée par une lumière trop vive. Rien ne lui était indifférent, pourvu qu'il fût vrai. Aussi, sa conversation était-elle singulière. Il était arrivé ce jour-là de la campagne avec un homme qui avait vu un château superbe et des jardins magnifiques; et il n'avait vu, lui, qu'un bâtiment de soixante pieds de long sur trente-cinq de large et un bosquet long de dix arpents; il aurait souhaité que les règles de la perspective eussent été tellement observées, que les allées des avenues eussent paru partout de même largeur; et il aurait donné pour cela une méthode infaillible. Il parut fort satisfait d'un cadran qu'il y avait démêlé; et il s'échauffa fort contre un savant qui était auprès de moi, qui maheureusement lui demanda si ce cadran marquait les heures babyloniennes. Un nouvelliste parla du bombardement du château de Fontarabie; et il nous donna soudain les propriétés de la ligne que les bombes avaient décrite en l'air; et charmé de savoir cela, il voulut en ignorer entièrement le succès.

MONTESQUIEU.

LE TOMBEAU D'ARCHIMÈDE

Je mis tous mes soins à découvrir ce tombeau. Les Syracusains m'affirmaient qu'il n'existait point. A force de recherches, je le trouvai enfin couvert de ronces et de broussailles. Je fus guidé, dans cette découverte, par quelques lignes d'une inscription qu'on disait avoir été gravées sur le monument, et qui se rapportaient à une sphère et à un cylindre, posés au sommet du tombeau. Parcourant des yeux les nombreux tombeaux qui se trouvent vers la porte d'Agrigente, j'aperçus une petite colonne qui s'élevait au-dessus des buissons : il y avait la figure d'une sphère et d'un cylindre (1). Je m'écriai aussitôt devant les principaux habitants de Syracuse qui m'acompagnaient : Voilà ce que je cherche ! Beaucoup se jetèrent alors sur les broussailles pour les couper et mettre l'emplacement à découvert. Ce travail achevé, nous nous approchâmes de la colonne. Nous vîmes l'inscription à moitié rongée par le temps. Ainsi, la plus noble et jadis la plus instruite des cités de la Grèce ignorerait la place du tombeau du plus ingénieux de ses citoyens, si un inconnu d'Arpinum n'était pas venu la lui apprendre.

CICÉRON.

---

(1) Archimède a démontré que toute sphère est les 2/3 du cylindre circonscrit.

JETONS BARDOT

Ce sont des cubes en bois, les uns blancs et les autres noirs, à l'aide desquels on explique. matériellement la numération aux commençants. Dix de ces jetons, réunis en une baguette, forment une *dizaine ;* dix baguettes, réunies en une plaque, forment une *centaine ;* et dix plaques superposées composent un cube qui est un *mille.* Continuons : si on groupait dix de ces gros cubes qui sont des mille, on aurait une *dizaine de mille ;* si on juxtaposait dix dizaines de mille, la grande plaque serait une *centaine de mille ;* si on étalait enfin dix des plaques précédentes, on aurait un cube énorme qui serait un *million.* Ainsi de suite pour la *dizaine de millions,* la *centaine de millions,* le *billion,* etc., etc.

MACHINES ARITHMÉTIQUES

Il y a d'abord, pour les calculs approchés, les réglettes de Neper, l'inventeur des logarithmes, de Mannheim, de Lalane, de Genaille et E. Lucas, etc. Dans certains pays, tous les contremaîtres se servent couramment d'une règle à calcul.

Les machines qui font les calculs exacts sont d'abord celle de Pascal, simplifiée par de Lépine et récemment par Roth, qui en a réduit le volume, puis celle de Thomas de Colmar, à l'aide de laquelle on multiplie en une demi-minute deux nombres de dix chiffres : on s'en sert aux Magasins du Louvre, à l'Observatoire, aux Compagnies d'Assurances, etc. ; on en vend plus d'une

centaine par an. Il y a aussi la machine à mouvement continu de Tschebychef.

Toute machine arithmétique se compose de quatre
organes essentiels : le générateur, le reproducteur, le
renverseur et l'effaceur.

Edouard Lucas a réuni au Conservatoire des Arts et
Métiers, pour l'Exposition universelle, une collection
très complète de machines à calculer.

INTÉGRATEURS ET INTÉGRAPHES

Les intégrateurs sont des instruments qui effectuent
mécaniquement la sommation d'une série infinie de
grandeurs infiniment petites, qu'il s'agisse d'une aire
limitée par une courbe, d'un travail mécanique, etc.
Mais les planimètres, les totalisateurs dynamométriques,
etc., ne donnent que le résultat final de l'intégration.
Abdank-Abakonowicz est allé plus loin : ses intégraphes
donnent, sous forme d'un tracé graphique, la loi complète qui régit la sommation, en un mot ce qu'on peut
appeler la courbe intégrale.

PAROLE D'HONNEUR

Lorsqu'au temps jadis, le duc d'Angoulême fut
nommé grand-maître de la Marine, on s'aperçut avec
stupeur qu'il savait à peine compter. Immédiatement
le plus célèbre géomètre de France fut mandé pour
l'instruire *en la mathématique,* comme on disait alors.

Mais c'est en vain qu'il tenta d'en démontrer les principes les plus élémentaires à son auguste disciple. Celui-ci l'écoutait avec une exquise politesse, mais en hochant la tête avec un doux air d'incrédulité. — Un jour, à bout d'argument, le pauvre maître s'écria : « Monseigneur, je vous en donne ma parole ! » « Que ne le disiez-vous plus tôt ! Monsieur, répondit le duc en s'inclinant : je ne me permettrai plus jamais d'en douter. »

DISTRACTIONS

Distrait comme un mathématicien, est un dicton justifié. Le grand Newton a donné le mauvais exemple : un jour, cherchant à déterminer le nombre de secondes qu'exige la cuisson d'un œuf, il s'aperçut, après une minute d'attente, qu'il tenait l'œuf à la main et avait fait cuire sa montre à secondes, bijou du plus grand prix, à cause de sa grande précision.

Ampère, surnommé le distrait, remarqua, une fois qu'il se rendait à son cours, un petit caillou sur son chemin et, comme il n'était pas un savant exclusif, il le ramassa et l'examina. Tout à coup, le cours qu'il doit faire revient à son esprit, il tire sa montre ; s'apercevant que l'heure approche, il double précipitamment le pas, remet le caillou dans sa poche et lance sa montre par-dessus le parapet du pont des Arts. Le même Ampère ne manquait jamais, lorsqu'il avait terminé une démonstration sur le tableau, à l'École polytechnique, d'essuyer le chiffre avec son mouchoir et de

remettre dans sa poche le torchon traditionnel, toutefois, bien entendu, après s'en être préalablement servi.

Mais, voici qui est plus fort : on raconte qu'un géomètre
dont le nom nous échappe, quittant Paris pour aller se
marier en province et craignant d'oublier la chose, avait
écrit en grosses lettres sur son calepin : « Me marier
en passant à Tours. »

ÉCOLE POLYTECHNIQUE

La Convention établit, en 1794, l'*École centrale des
travaux publics*, à l'instigation de Monge, Lamblardie,
Carnot et Prieur. Placée au Palais-Bourbon, ne recevant
que des externes, l'école devait d'abord alimenter seulement le corps des ingénieurs civils et militaires.
C'est en 1795 que l'école prit son nom d'*École polytechnique* et son caractère actuel. Nous ne pouvons pas
raconter ici sa glorieuse histoire, et nous devons nous
borner à quelques anecdotes.

Dans la période du début, chaque candidat doit
faire constater par la municipalité de sa ville natale
« qu'il a constamment manifesté l'amour de la liberté
et de l'égalité et la haine des tyrans ». On lit dans un
rapport de l'époque : « La manifestation du patriotisme
a été généralement nulle. Ils sont presque tous ignorants et indifférents, tandis que les enfants eux-mêmes
balbutient déjà les principes et les hymnes de la
liberté ! C'est en vain que j'ai tâché, par des
questions brusques, imprévues et même captieuses, de
suppléer à l'insuffisance des papiers qu'ils ont produits;
presque tous m'ont montré qu'ils avaient toujours été

indifférents au bonheur de leurs semblables, à leur propre bonheur et même aux événements... Quarante de ces jeunes gens, par leur insouciance de tout ce qui est bon, vertueux et utile, méritent d'être rejetés ! »

« Jeunes citoyens, disait plus tard un Ministre de l'Intérieur dans un discours, ayez toujours l'amour de la patrie. Si cet amour agit par sentiment sur le reste des hommes, il est permis de penser que c'est grâce aux savants que cet amour est géométriquement démontré. Je peux le dire ici, dans la langue qui vous est familière, la liberté est le théorème donné par la nature ; la république en est la démonstration, l'amour de la patrie en est le corollaire. »

Le dimanche matin, l'ordinaire est augmenté d'une omelette au lard, transformation économique du plat qu'on appelait le cochon de Mme Laplace. En effet, la veuve de l'illustre géomètre, lorsqu'elle avait fondé un prix pour l'élève sortant le premier et consistant dans les œuvres de Laplace, avait disposé d'une somme dont le revenu devait être employé à donner un plat supplémentaire le dimanche. Ce plat consista au début en côtelettes de porc frais.

Tous les ans, comme autrefois les adorateurs du Soleil, on fêtait l'arrivée de l'astre au point gamma. Ce jour-là, l'École avait dès le matin l'aspect d'un vaisseau qui va franchir la ligne...

ÉCOLE NORMALE

Créée à Paris par la Convention, ses quinze cents élèves externes reçurent au Muséum les leçons des maîtres les plus illustres et ces leçons, qui ont été recueillies, sont encore consultées. La plupart de ces élèves enseignèrent, à leur sortie, dans les Écoles centrales des départements. C'est en 1808, que Napoléon réorganisa l'école qui, beaucoup moins nombreuse, devint un internat dans le Lycée Louis-le-Grand et dont les élèves suivirent les cours du Collège de France, de l'École polytechnique et du Muséum. Elle a été transférée à la rue d'Ulm, en 1847, et l'enseignement de ses Maîtres de conférence est devenu à peu près indépendant des Cours extérieurs.

Pendant la dernière guerre, les élèves Lande et Szymanski ont gagné la médaille militaire, M. Burdeau a été décoré de la légion d'honneur et Lemoine a été tué à l'ennemi. Deux plaques de marbre noir portent les noms de Lemoine et de Thuillier, élève de M. Pasteur, mort pour la Science à Alexandrie où il était allé étudier le choléra.

C'est sur la demande des élèves que le service militaire est maintenant établi à l'École. Leur tenue de soldat est sévère et ne rappelle en rien le costume de fantaisie de 1848 : « Tunique bleue fermée par un seul rang de boutons dorés, collet et parements en velours vert avec palmes brodées en or au collet ; pantalon bleu large avec bandes vertes, tombant sur la chaussure ; col noir, chapeau tricorne et épée. »

☙❧

MARIAGE

Dans ce temps là, sauf de rares exceptions, les savants, les mathématiciens surtout, étaient regardés dans le monde comme des êtres d'une nature à part. On aurait voulu leur interdire le concert, le bal, le spectacle, comme à des ecclésiastiques. Un géomètre qui se mariait semblait enfreindre un principe de droit. Le célibat passait pour la condition obligée de quiconque s'adonnait aux sublimes théories de l'analyse. Le tort était-il tout entier du côté du public? Les géomètres ne l'avaient-ils pas eux-mêmes excité à voir la question sous ce jour-là?...

D'Alembert reçoit indirectement de Berlin la nouvelle que Lagrange vient de donner son nom à une de ses jeunes parentes. Il est quelque peu étonné qu'un ami avec lequel il entretient une correspondance suivie ne lui en ait rien dit. Cela même ne le détourne pas d'en parler avec moquerie : « J'apprends, lui écrit-il, que vous avez fait ce qu'entre nous philosophes nous appelons le saut périlleux... Un grand mathématicien doit, avant toutes choses, savoir calculer son bonheur. Je ne doute pas qu'après avoir fait ce calcul, vous n'ayez trouvé pour solution le mariage. »

Lagrange répond de cette étrange manière : « Je ne sais si j'ai bien ou mal calculé, ou, plutôt, je crois ne pas avoir calculé du tout; car j'aurais peut-être fait comme Leibnitz qui, à force de réfléchir, ne put jamais se déterminer. Je vous avouerai que je n'ai jamais eu du goût pour le mariage,... mais les circonstances m'ont décidé... à engager une de mes parentes... à venir prendre soin de moi et de tout ce qui me regarde. Si je ne vous en ai pas fait part, c'est qu'il m'a paru que la chose était si indifférente d'elle-même, qu'elle ne valait pas la peine de vous en entretenir. »

ARAGO.

PEU INTELLIGENT

Arago, qui fut un admirable vulgarisateur dans ses Cours de l'Observatoire, regardait toujours celui de ses auditeurs qui lui paraissait être le moins intelligent, et lorsque cet auditeur lui semblait avoir compris, il était assuré de la clarté de sa démonstration.

Or, un jour, dans un salon où il venait de raconter ce fait, un jeune homme entra, qu'il ne connaissait pas et dont il eut à subir les saluts les plus empressés.

— A qui ai-je l'honneur de parler? lui demanda-t-il.

— Oh! monsieur Arago, vous devez bien me connaître, car j'assiste assidûment à vos leçons, et vous ne cessez de me regarder pendant tout le temps.

***

VIEUX REFRAINS

Te souvient-il alors
Du théorème de Taylor?
Nous n'y vîmes tous deux
Que du feu.

. . . .

Par des témoins je me suis laissé dire
Que parfois Sturm et le bon Gérono
Allaient chercher, pleins d'un charmant délire,
Un théorème au fond d'un vieux tonneau.

DIPLOMATIE ET POLITIQUE

Quelques-uns affirment encore, dit en souriant le diplomate, que le plus court chemin est la ligne droite. N'en croyez rien, mon jeune ami.

LES MODÉRÉS

Deux et deux font quatre, assure l'un ; l'autre réplique avec énergie que deux et deux ne font que trois ; l'homme du juste milieu conclut que deux et deux font trois et demi.

TRIGONOMÉTRIE DRAMATIQUE

Lisez le roman de Jules Verne intitulé : *Histoire de trois Russes et de quatre Anglais*. Il y est question des angles adjacents à la base du 8e triangle, du 103e logarithme de la table de Volaston, d'un calculateur menacé par les crocodiles, de deux registres volés par des singes, etc., etc. « Trianguler ou mourir », telle est la devise de ces fiers opérateurs.

Les aventures réelles de Delambre et Méchain, puis de Biot et Arago sont autrement émouvantes. (Voyez *La mesure du mètre*, un petit livre de W. de Fonvielle.)

ROUTE ROYALE

Le roi Ptolémée ayant demandé à Euclide de lui rendre plus faciles les mathématiques, celui-ci répondit : « Il n'y a pas de route royale en Géométrie. »

UN VAUDEVILLE

Lors de l'invention du calcul infinitésimal, il donna
lieu à un vaudeville et à un air intitulé : *les Infiniment
petits*, où l'on plaisantait sur la frêle santé du marquis
de l'Hôpital et sur les caprices de la marquise.

SPECTACLE TOURNANT

Quelquefois, par exemple, je me figure que je suis
suspendu en l'air, et que j'y demeure sans mouvement, pendant que la terre tourne sous moi en vingt-
quatre heures. Je vois passer sous mes yeux tous ces
visages différents, les uns blancs, les autres noirs, les
autres olivâtres. D'abord ce sont des chapeaux, et puis
des turbans, et puis des têtes chevelues, et puis des
têtes rasées ; tantôt des villes à clocher, tantôt des villes
à longues aiguilles qui ont des croissants, tantôt des
villes à tours de porcelaine, tantôt de grands pays qui
n'ont que des cabanes ; ici de vastes mers, là des déserts
épouvantables ; enfin toute cette variété infinie qui est
sur la surface de la terre.

FONTENELLE.

SCIENCES MILITAIRES

Le maréchal Vaillant proposait de créer à l'Institut
une section des sciences militaires. — Je ne connais pas
cela, s'écria M. Chasles. Il y a la Science, puis viennent

les applications. — On eut beau faire : il ameuta tout
le monde contre le projet des Spécialistes.

LES CHATS DE NEWTON

Newton avait habitué ses chats à s'installer sans façon
dans son cabinet de travail ; mais la longueur des calculs du savant lassait souvent leur patience proverbiale.
Les vieux matous allaient se mettre en expectative près
de la porte ; les jeunes, plus impatients, miaulaient
impérieusement pour qu'on leur ouvrît.

Continuellement interrompu, le savant se décida à
faire une chattière juste assez grande pour laisser passer
les petits félins qui étaient les plus turbulents de la
troupe.

Mais les gros, qui voyaient les petits aller et venir à
leur guise, se livrèrent à un tel sabbat que Newton prit
enfin le parti de faire pratiquer une grosse chattière
à côté de la petite.

ZÉRO ACADÉMIQUE

Quand Labruyère se présente
Pourquoi faut-il crier haro ?
Pour faire un nombre de quarante
Ne fallait-il pas un zéro !

SUARD.

SAVANT MAIS FOU

Le mathématicien Cardan croyait à l'astrologie, il avait prédit le jour de sa mort et il s'arrangea de façon à mourir de faim ce jour-là.

OPTICIEN AVEUGLE

Saunderson, quoique aveugle, fut professeur de mathématiques et de physique à l'Université de Cambridge.

DERNIÈRE CONVERSATION

« J'ai été bien mal avant-hier, dit Lagrange, je me sentais mourir ; mon corps s'affaiblissait peu à peu, mes facultés morales et physiques s'éteignaient insensiblement ; j'observais avec plaisir la progression bien graduée de la diminution de mes forces, et j'arrivais au terme sans douleur, sans regrets, et par une pente bien douce ; c'est une dernière fonction qui n'est ni pénible ni désagréable...

Quelques instants de plus, et il n'y avait plus de fonctions, la mort était partout... Je voulais mourir, oui je voulais mourir ; mais ma femme n'a pas voulu : j'eusse préféré une femme moins bonne, moins empressée à ranimer mes forces, et qui m'eût laissé finir doucement.

J'ai fourni ma carrière ; j'ai acquis quelque célébrité dans les mathématiques. Je n'ai haï personne ; je n'ai point fait de mal ; il faut bien finir. »

MINISTRE DE L'INTÉRIEUR

Géomètre de premier rang, Laplace ne tarda pas à se montrer administrateur plus que médiocre; dès son premier travail, nous reconnûmes que nous nous étions trompé. Laplace ne saisissait aucune question sous son véritable point de vue; il cherchait des subtilités partout, n'avait que des idées problématiques, et portait enfin l'esprit des *infiniment petits* jusque dans l'administration.

Napoléon.

OPÉRATIONS ABRÉGÉES

On faisait remarquer à un candidat qu'il aurait pu employer les opérations *abrégées*. Il répliqua qu'il n'avait pas eu le temps.

BROUETTES ET OMNIBUS

La brouette, grâce à laquelle le manœuvre ne s'épuise plus à transporter directement les fardeaux, et l'omnibus, le vulgaire omnibus chanté comme symbole du progrès par Edmond About, ces deux inventions fort pratiques sont dues au grand Pascal.

GAUFFRES

Je n'oublierai jamais d'avoir vu à Turin un jeune homme à qui, dans son enfance, on avait appris les rapports des contours et des surfaces en lui donnant chaque jour à choisir dans toutes les figures géométriques des gauffres isopérimètres. Le petit gourmand avait épuisé l'art d'Archimède pour trouver dans laquelle il y avait le plus à manger.

J.-J. ROUSSEAU.

TACHIMÉTRIE

L'ingénieur Lagout, mort depuis quelques années, est l'auteur d'une tentative de rénovation des mathématiques, dans l'intention de les simplifier en les matérialisant, pour les mettre à la portée du plus humble ouvrier. Il a eu quelques idées ingénieuses : son matériel et ses tableaux en couleur sont assez saisissants. Malheureusement, grisé par son système, l'inventeur a cru bien à tort être aussi rigoureux qu'Euclide. Son *prompt-mesurage* n'est qu'un aperçu populaire qui parle aux yeux.

BONNE POLITIQUE

Sous le second empire, Cauchy, professeur à la Faculté des sciences, fut dispensé d'un serment qu'il avait refusé en 1830. La même exception fut faite en faveur d'Arago, directeur de l'Observatoire, vulgarisateur et historien des sciences.

FABULISTE

... J'aperçois le soleil : quelle en est la figure?
Ici-bas ce grand corps n'a que trois pieds de tour :

Mais si je le voyais là-haut dans son séjour,
Que serait-ce à mes yeux que l'œil de la nature?
Sa distance me fait juger de sa grandeur :
Sur l'angle et les côtés ma main la détermine.
L'ignorant le croit plat ; j'épaissis sa rondeur :
Je le rends immobile, et la terre chemine.

LA FONTAINE.

Un astrologue, un jour, se laissa choir
Au fond d'un puits. On lui dit : Pauvre bête,
Tandis qu'à peine à tes pieds tu peux voir,
Penses-tu lire au-dessus de ta tête?

LA FONTAINE.

GRAVITATION

Dans le centre éclatant de ces orbes immenses,
Qui n'ont pu nous cacher leur marche et leurs distances,
Luit cet astre du jour par Dieu même allumé,
Qui tourne autour de soi sur son axe enflammé :
De lui partent sans fin des torrents de lumière ;
Il donne, en se montrant, la vie à la matière,
Et dispense les jours, les saisons et les ans
A des mondes divers autour de lui flottants.
Par delà tous ces cieux le Dieu des cieux réside.

VOLTAIRE.

Pourquoi ces mouvements et ces orbes divers
Que six mondes errants tracent dans l'univers?
Quel pouvoir auprès d'eux retient leurs satellites?
Où l'ardente comète a-t-elle ses limites?

Pourquoi l'astre du jour, sur son axe agité,
Vers le centre commun semble-t-il arrêté?
Tout fut lancé des mains du Créateur suprême.
Tout pèse, attire, fuit, par un destin pareil;
Le moindre grain de sable attire le soleil.
Soumis aux mêmes lois, doués d'une puissance
Qui s'accroît par leur masse et perd par la distance,
Les astres voyageurs dans les plaines du ciel
Exercent l'un sur l'autre un effort mutuel.

DARU.

COMPLAISANCES ASTRONOMIQUES

Un monsieur porteur d'une carte d'entrée à l'Observatoire pour observer une éclipse arriva trop tard. « Je connais particulièrement Arago, affirma-t-il, il aura la bonté de recommencer pour moi. »

Des signaux de triangulation ayant été établis près du château de M. X, député, on s'exclamait sur sa grande influence qui lui avait permis de faire passer le méridien dans son domaine.

COMÈTES

Je viens vous annoncer une grande nouvelle :
Nous l'avons, en dormant, Madame, échappé belle.
Un monde près de nous a passé tout du long,
Est chu tout au travers de notre tourbillon;
Et s'il eût en chemin rencontré notre terre,
Elle eût été brisée en morceaux comme verre.

MOLIÈRE.

Nous avons ici une comète qui est bien étendue, c'est la plus belle queue qu'il soit possible de voir. Tous les plus grands personnages sont alarmés et croient que le ciel, bien occupé de leur perte, en donne des avertissements par cette comète. On dit que le cardinal Mazarin, étant désespéré des médecins, les courtisans crurent qu'il fallait honorer son agonie d'un prodige, et lui dirent qu'il paraissait une grande comète qui leur faisait peur. Il eut la force de se moquer d'eux, et leur dit plaisamment que cette comète lui faisait trop d'honneur. En vérité, on devrait en dire autant que lui, et l'orgueil humain se fait aussi trop d'honneur de croire qu'il y ait de grandes affaires dans les astres quand on doit mourir.

Mme DE SÉVIGNÉ.

ENFANT DE GÉNIE

Pascal enfant ayant demandé ce que c'était que la géométrie, on s'était borné à lui répondre qu'il s'agissait de faire des figures exactes et de trouver les proportions qu'elles avaient entre elles. Sur cette seule indication et sans aucun secours, Pascal devina tout le commencement d'Euclide jusqu'à la trente-deuxième proposition.

LOXODROMIE

Les navigateurs ne suivent pas le plus court chemin sur la sphère, qui est l'arc de grand cercle entre les points extrêmes, mais la courbe appelée *loxodromie* qui coupe tous les méridiens sous le même angle et qui est figurée par une droite sur la carte marine : ce qui permet de diriger facilement le navire.

Cependant sur les bateaux à vapeur, on réalise une économie de charbon en suivant l'arc de grand cercle.

IDYLLE

Que j'aime à m'égarer dans ces routes fleuries
Où je t'ai vue errer sous un dais de lilas;
Que j'aime à répéter aux nymphes attendries,
Sur l'herbe où tu t'assis, les vers que tu chantas.

Les voilà ces jasmins dont je t'avais parée;
Ce bouquet de troène a touché tes cheveux.

AMPÈRE.

EXAMINATEUR

On trouvait Monge inflexible toutes les fois que l'intérêt public semblait exiger qu'il fît prévaloir les décisions de l'examinateur. « Vous avez refusé un candidat qui appartient à de bien puissantes familles, lui disait le maréchal de Castries, ministre de la marine. Votre décision me donne mille tracas; je suis accablé de réclamations. — Vous êtes parfaitement le maître, repartit l'austère examinateur, d'admettre le candidat qui m'a paru inacceptable; mais si vous prenez cette décision, monsieur le maréchal, il faudra supprimer en même temps la place que j'occupe. Les fonctions que je remplis ne seraient plus ensuite ni utiles ni acceptables. » Le candidat inadmissible ne fut pas admis.

RÉCOMPENSÉ

Dans ma longue carrière de professeur et d'examinateur, dit Lamé, rien ne m'a plus étonné que la brusque et subite apparition de la faculté du raisonnement mathématique chez un élève que je suivais depuis plusieurs années, plein de bonne volonté, de zèle pour le travail, du désir de comprendre ce qu'il était forcé d'abandonner à la mémoire, seule active chez lui. Un jour, à un certain instant, au milieu d'une démonstration mainte fois répétée, une porte s'ouvrit tout à coup dans son esprit : il comprenait. La joie, l'émotion de l'élève ne sauraient se décrire. Dès le lendemain son élan était pris, et il regagnait à pas de géant les retards du passé, de manière à primer tous ses camarades.

UN PEU RAIDES

Nous empruntons à Arago, qui nous a déjà tant prêté, le récit de ses examens d'entrée et de sortie à l'École polytechnique.

Mon camarade, intimidé, échoua complètement. Lorsqu'après lui, je me rendis au tableau, il s'établit entre M. Monge (le jeune), l'examinateur et moi, la conversation la plus étrange :

« Si vous devez répondre comme votre camarade, il est inutile que je vous interroge.

— Monsieur, mon camarade en sait beaucoup plus qu'il ne l'a montré; j'espère être plus heureux que lui; mais ce que vous venez de me dire pourrait bien m'intimider et me priver de tous mes moyens.

— La timidité est toujours l'excuse des ignorants; c'est pour vous éviter la honte d'un échec que je vous ai fait la proposition de ne pas vous examiner.

— Je ne connais pas de honte plus grande que celle que vous m'infligez en ce moment. Veuillez m'interroger, c'est votre devoir.

— Vous le prenez de bien haut, monsieur! Nous allons voir tout à l'heure si cette fierté est légitime.

— Allez, monsieur, je vous attends! »

M. Monge m'adressa alors une question de géométrie à laquelle je répondis de manière à affaiblir ses présomptions. De là, il passa à une question d'algèbre, à la résolution d'une équation numérique. Je savais l'ouvrage de Lagrange sur le bout du doigt...

J'étais depuis deux heures et quart au tableau; M. Monge, passant d'un extrême à l'autre, se leva, vint m'embrasser et déclara solennellement que j'occuperais le premier rang sur sa liste.

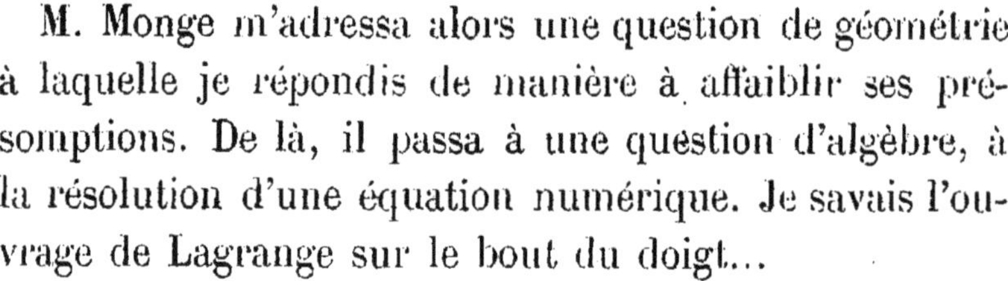

. . . .

L'examinateur était cette fois l'illustre géomètre Legendre.

... On venait d'emporter un élève complètement évanoui.

« Comment vous appelez-vous? me dit-il brusquement. — Arago, répondis-je. — Vous n'êtes donc pas Français... »

M'ayant fait une question qui exigeait l'emploi des

intégrales doubles, il m'arrêta en me disant : « La méthode que vous suivez ne vous a pas été donnée par le professeur. Où l'avez-vous prise? — Dans un de vos mémoires. — Pourquoi l'avez-vous choisie? Était-ce pour me séduire? — Non, rien n'a été plus éloigné de ma pensée. Je l'ai adoptée parce qu'elle m'a paru préférable. — Si vous ne parvenez pas à m'expliquer les raisons de votre préférence, je vous déclare que vous serez mal noté, du moins pour le caractère. »

EXACT

Poisson avait un genre de mérite dont se dispensent trop souvent ceux-là mêmes qui ne pourraient invoquer pour excuse le rang qu'ils occupent dans la science : l'exactitude. Jamais il ne manqua une leçon sans être retenu au lit par la maladie; jamais, tant que sa voix put se faire entendre, il ne confia à un suppléant, j'allais dire à une doublure, la satisfaction d'initier à la science la jeunesse studieuse. On pourrait vraiment, en y changeant un seul mot, appliquer à ce savant les paroles qui terminent l'éloge d'Euler par Condorcet : « Tel jour, Poisson cessa de professer et de vivre. »

DE FROID

En 1793, lorsque l'astronome Bailly, ancien maire de Paris, fut conduit à l'échafaud, un de ses gardiens l'interpella : « Tu trembles, Bailly. » « Oui, je tremble, répondit ce dernier, mais, c'est de froid. »

VINGT CENTIMES

Quand, sous le second empire, on frappa pour la première fois des pièces de vingt centimes, un homme d'esprit s'écria : on dira maintenant cinq fois quatre font vingt et non plus quatre fois cinq font vingt.

POTAGE

Dans son explication de l'addition, un élève avait oublié de dire qu'on n'ajoute que des choses de même espèce; le professeur lui demanda : Combien font 150 grammes de navet, 200 grammes de carotte et 225 grammes de pommes de terre?

Réponse : Cela ferait un excellent potage.

L'ANARCHIE DU CINQUIÈME LIVRE

Ce livre de la géométrie fait le désespoir des élèves et des examinateurs, tant l'ordre et l'énoncé des propositions varient. Legendre et Rouché ne s'accordent nullement et il y a beaucoup d'opinions intermédiaires. On demande un dictateur pour imposer une théorie unique.

MÈTRES CARRÉS

C'est grâce à la géométrie que les marchands de mesures ne vendent ni mètres carrés, ni mètres cubes.

Quelques-uns confondent encore le mètre courant, le mètre carré et le mètre cube.

Un mot spirituel : le professeur avait fait écrire au tableau le nombre 1 000 000 000 ; il s'agit de mètres carrés, dit-il, combien cela pèse-t-il? Bien peu de craie, répondit l'élève.

TROP POSITIF

Il faut bien distinguer entre la géométrie utile et la géométrie curieuse... Carrez des courbes tant qu'il vous plaira : vous montrerez une extrême sagacité. Vous ressemblez à un arithméticien qui examine les propriétés des nombres au lieu de compter sa fortune... Lorsque Archimède trouva la pesanteur spécifique des corps, il rendit service au genre humain; mais de quoi vous servira de trouver trois nombres tels que la différence des carrés, etc...

VOLTAIRE.

LES JEUX

Après les jeux qui dépendent uniquement des nombres, viennent les jeux où entre la situation, comme dans le tric-trac, dans les dames, et surtout dans les échecs...

Mais à quoi bon cela? dira-t-on. Je réponds : A perfectionner l'art d'inventer; car il faudrait avoir des méthodes pour venir à bout de tout ce qui se peut trouver par raison. Après les jeux où n'entrent que le nombre et la situation, viendraient les jeux où entre le mouvement comme dans le jeu de billard, le jeu de paume, etc. Enfin il serait à souhaiter qu'on eût un cours entier des jeux, traités mathématiquement...

LEIBNITZ.

BIBLIOGRAPHIE

Ne pas prendre le Traité de la Roulette, de Pascal, pour une étude sur le jeu de même nom : il s'agit de la courbe appelée aussi *cycloïde*.

Bien se garder de confondre le Traité des Fluxions, de Newton ou de Maclaurin, ni une étude sur les Caustiques avec un livre de médecine.

Le premier traité d'arithmétique qui a été imprimé a pour auteur l'italien Pierre Borgo ; il est intitulé : Arithmetica, la nobel opera de arithmetica ne la qual se tratta de tutte cose a mercantia pertineti. Venise, 1484, in-4°.

Ratdolt, imprimeur allemand, mort en 1505, est le premier qui introduisit l'usage d'imprimer, avec le texte, des figures de mathématiques.

Les deux plus anciens manuscrits français d'algorithme et de géométrie sont à la Bibliothèque Sainte-Geneviève. Ils datent de 1275 et ont été publiés par M. Charles Henry.

CALENDRIER

Le bourgeois gentilhomme demandait à son maître de philosophie de lui enseigner le calendrier. Ce n'est pas si simple qu'on croit et on peut consulter une notice scientifique d'Arago.

Lorsqu'en 1582, le pape Grégoire XIII fit sa célèbre réforme, les protestants résistèrent d'abord, préférant, a-t-on dit, être en désaccord avec le soleil que d'accord avec le pape.

On craignait des objections populaires lorsqu'en 1816 le temps moyen fut substitué au temps vrai pour les horloges et les montres, mais la réforme passa inaperçue. On parle maintenant d'imposer, dans tout un même pays, l'heure du méridien de la capitale, du moins pour la plupart des usages. Ce serait ce qu'on a appelé l'heure nationale.

Ne réglez pas votre montre sur un cadran solaire. Il obéit au soleil et marque le temps *vrai*, tandis que nos horloges marquent le temps *moyen* : l'écart peut atteindre vingt minutes.

TOUT PAR DIX

Lors de la création du système métrique, on avait songé à diviser le jour en vingt heures, chaque heure en cent minutes, etc., et la circonférence en quatre cents *grades*, le grade en cent minutes, etc. On peut voir au musée Carnavalet des montres et des horloges décimales.

UNE CALOMNIE

Sous prétexte de mesurer un degré de méridien, si bien déterminé par les Anciens, ils (les charlatans académiques) se sont fait accorder par le ministre

100 000 écus pour les frais de l'opération, petit gâteau qu'ils se partageront en frères.

MARAT, l'ami du peuple.

ASTROLOGIE

L'astrologie est fille de l'astronomie, mais c'est la fille très folle d'une mère très sage.

VOLTAIRE.

ÉQUATION DU 45ᵉ DEGRÉ

Un fait qui se rattache à la vie scientifique de Viète, et que je vais vous raconter, révèle en même temps l'estime dont Henri IV honorait son savant conseiller. Ce roi montrait, un jour, à Fontainebleau, à l'ambassadeur de Hollande, les splendides et coûteuses curiosités du palais, et l'entretenait en même temps de quelques-unes des célébrités de son royaume. L'ambassadeur se permit de faire sur ce dernier sujet une réserve aux éloges du roi. « Sire, dit-il, vous n'avez pas cependant ici de mathématicien. Un géomètre flamand, nommé Adrien Romanus, vient de publier un ouvrage dans lequel il défie tous les savants de l'Europe de résoudre un problème qu'il leur propose, et de tous les mathématiciens de notre temps cités dans son livre, je n'en ai trouvé aucun qui fût français. » — « Si fait, si fait, répondit vivement le roi, nous en avons un excellent; qu'on aille quérir M. Viète. » On soumit à notre savant, qui avait suivi la cour à Fontainebleau, le problème de Romanus. Pour tout autre que le savant et érudit Fontenaisien, l'énigme eût été embarrassante. Il ne s'agissait de rien moins que de résoudre une équation du 45e degré, renfermant 24 termes dont l'un est arbitraire et dont les autres sont multipliés par des nombres, la plupart de neuf chiffres, c'est-à-dire de plusieurs centaines de millions d'unités.

Viète, après avoir examiné attentivement cette équation, eut le plaisir de retrouver une ancienne connaissance. C'était une des nombreuses équations auxquelles donne lieu la division des arcs de cercle en parties égales. Il aperçut aussitôt la solution qui faisait seule l'objet du problème d'Adrien Romanus. . . . . .

… Mais ce qu'il y eut de plus piquant, fut la remarque de Viète que ce problème admettait vingt-deux autres solutions auxquelles le bon Romanus n'avait pas songé.

ALLÉGRET.

LES MATHÉMATICIENS

C'est là le titre d'une comédie du hollandais Lagendick (1715); il s'agit d'un tuteur bafoué, comme d'habitude, par sa pupille, pendant qu'il disserte sur les sciences avec un vieil ami.

TROP COURT

On dit à un enfant de faire une mesure avec le mètre, il essaye mais en vain : le mètre n'était pas assez long!

PYRAMIDE D'ÉGYPTE

La grande pyramide carrée présente des particularités qui supposent une science avancée.

Chaque face triangulaire est équivalente au carré de la hauteur de la pyramide.

La section méridienne est à l'aire de la base dans le rapport de 1 à π.

Son poids est à celui de la terre dans le rapport de 1 à 10^{15}.

Elle est exactement orientée suivant le méridien et sur le parallèle à 30 degrés.

Elle contient les éléments de la distance de la terre au soleil, etc., etc.

GRAVITATION UNIVERSELLE

Nous sommes redevables de cette importante découverte à feu M. Newton. Ce grand philosophe et mathématicien anglais se trouvant un jour couché dans un jardin, sous un pommier, une pomme lui tomba sur la tête, et lui fournit l'occasion de faire plusieurs réflexions. Il conçut bien que c'était la pesanteur qui avait fait tomber la pomme, après qu'elle eut été dégagée de la branche, peut-être par le vent ou quelque autre cause. Cette idée paraissait fort naturelle, et tout paysan aurait peut-être fait la même réflexion; mais le philosophe anglais allait plus loin. Il faut, dit-il, que l'arbre ait été fort haut; et c'est ce qui lui fit former la question si la pomme serait aussi tombée en bas dans le cas où l'arbre aurait encore été beaucoup plus haut, ce dont il ne pouvait pas douter.

Mais si l'arbre avait été si haut qu'il parvînt jusqu'à la lune, il se trouva embarrassé de décider si la pomme tomberait ou non. En cas qu'elle tombât, ce qui lui paraissait pourtant fort vraisemblable, puisqu'on ne saurait concevoir un terme, dans la hauteur de l'arbre, où la pomme cesserait de tomber; dans ce cas, il faudrait que la pomme eût encore quelque pesanteur qui la pousserait vers la terre : donc, parce que la lune se trouverait au même endroit, il faudrait qu'elle fût poussée vers la terre par une force semblable à celle de la lune. Cependant, comme la lune ne lui tomba point sur la tête, il comprit que le mouvement en pourrait être la cause, de la même manière qu'une bombe peut passer au-dessus de nous sans tomber verticalement en bas. Cette comparaison du mouvement de la lune avec une bombe le détermina à examiner plus attentivement la chose, et, aidé des secours de la plus sublime géométrie, il trouva que la lune suivait dans son mouvement les mêmes règles qu'on observe dans le mouvement d'une bombe; de sorte que s'il était possible de jeter une bombe à la hauteur de la lune et avec la même vitesse, la bombe aurait le même mouvement que la lune. Il a seulement remarqué cette différence, que la pesanteur de la bombe à cette distance de la terre serait beaucoup plus petite qu'ici-bas.

EULER.

PARADOXES ET SINGULARITÉS

Nous passons maintenant aux exceptions, aux fantaisies et aux étrangetés qui peuvent nous intéresser aussi dans une certaine mesure.

AXIOMES ET THÉORÈMES

Qu'est-ce que la plupart de ces axiomes dont la géométrie est si orgueilleuse, si ce n'est l'expression d'une même idée simple par deux signes ou mots différents? Celui qui dit que *deux et deux font quatre* a-t-il une connaissance de plus que celui qui se contenterait de dire que *deux et deux font deux et deux?* Les idées de tout, de partie, de plus grand et de plus petit ne sont-elles pas, à proprement parler, la même idée simple et individuelle, puisqu'on ne saurait avoir l'une sans que les autres se présentent toutes en même temps! Nous devons, comme l'ont observé quelques philosophes, bien des erreurs à l'abus des mots; c'est peut-être à ces mêmes abus que nous devons les axiomes. Je ne prétends point cependant en condamner absolument l'usage : je veux seulement faire observer à quoi il se réduit; c'est à nous rendre les idées simples plus familières par l'habitude et plus propres aux différents usages auxquels nous pouvons les appliquer.

J'en dis à peu près autant, avec les restrictions convenables, des théorèmes mathématiques. Considérés sans préjugés, ils se réduisent à un assez petit nombre de vérités primitives. Qu'on examine une suite de propositions de géométrie déduites les unes des autres en sorte que deux propositions voisines se touchent immédiatement et sans aucun intervalle, on s'apercevra qu'elles ne sont que la première proposition qui se défigure, pour ainsi dire, successivement et peu à peu dans le passage d'une conséquence à la suivante, mais qui pourtant n'a point été réellement multipliée par cet enchaînement et n'a fait que recevoir différentes formes...

... On peut donc regarder l'enchaînement de plusieurs vérités géométriques comme des traductions plus ou moins différentes et plus ou moins compliquées de la même proposition, et souvent de la même hypothèse. Ces traductions sont au reste fort avantageuses par les divers usages qu'elles nous mettent à portée de faire du théorème qu'elles expriment; usages plus ou moins estimables à proportion de leur importance et de leur étendue. Mais, tout en convenant du mérite réel de la traduction mathématique d'une proposition, il faut reconnaître aussi que ce mérite réside originairement dans la proposition même. C'est ce qui doit nous faire sentir combien nous sommes redevables aux génies inventeurs, qui en découvrant quelqu'une de ces vérités fondamentales, source et, pour ainsi dire, original d'un grand nombre d'autres, ont réellement enrichi la géométrie et étendu son domaine.   D'ALEMBERT.

COURBE RENAISSANTE

Lorsqu'on transforme la *spirale logarithmique* pour construire sa *développée* et sa *caustique* on retrouve la première courbe. Jacques Bernouilli voyait là comme un symbole de la résurrection et aurait voulu qu'on gravât la courbe sur son tombeau avec ces mots : *Eadem mutata resurgo.*

MOYEU DE LA ROUE

Mairan, successeur de Fontenelle comme secrétaire de l'Académie des sciences, eut, nous l'avons déjà dit, une discussion avec madame du Châtelet sur les forces vives et ce fut madame de Geoffrin qui le calma : « Que pensera-t-on de vous, si vous tirez l'épée contre un éventail? » Nous lisons dans un éloge de cet estimable savant quelques lignes sur un vieux paradoxe :

On savait bien qu'un cercle qui avance en ligne droite sur un plan, et qui tourne en même temps autour de son centre, décrit sur ce plan une ligne droite égale à sa circonférence. Lorsque ce cercle emporte avec lui un plus petit cercle qui lui est concentrique, et qui n'a pas d'autre mouvement que celui qu'il emprunte au premier (ce qu'on voit dans une roue de carrosse, qui emporte son moyeu), celui-ci décrira une droite égale non à sa circonférence, mais à celle de la roue, puisque c'est le même centre qui avance en ligne droite, dans l'un et l'autre cas. Mais comment concevoir que la petite roue, infiniment plus petite, puisse parcourir autant de chemin que la grande? Aristote avait senti cette difficulté sans la résoudre ; Galilée… l'avait tenté en vain : elle va s'évanouir devant le génie de Mairan. Il démontre que la petite roue a un autre mouvement que le roulement, le mouvement de glissement ou de razion ; mouvement qui ne doit point paraître puisqu'il est mêlé avec le roulement par *intima*, et qu'il l'affecte à chaque instant infiniment petit. Ainsi : Mairan parvint à résoudre ce problème qui avait paru insoluble à Aristote et à tous les savants.

>⤙⤚<

NOUVELLES LOGIQUES

Certains de nos contemporains d'outre-Manche ont tenté de régénérer la logique, en lui donnant un caractère mathématique.

De Morgan, après avoir rappelé que dans toute langue il y a des noms positifs et des noms négatifs comme vertébré et invertébré, dit que tout nom, sans exception, doit être considéré comme pouvant être pris positivement ou négativement. Le mot *homme*, par exemple, s'applique positivement à Alexandre et négativement à Bucéphale qui était non-homme. Si U est la totalité considérée et X sa partie positive, sa partie négative $U - X$ est désignée par x. Les propositions s'écrivent alors symboliquement sous forme d'égalités.

Boole généralise le problème de la déduction qui n'est d'abord que l'élimination d'un terme moyen dans un système de trois termes. Il considère un nombre quelconque de termes et se propose d'éliminer autant de termes moyens qu'on voudra. Le logicien s'est ainsi proposé d'appliquer l'algèbre à la logique : il adopte les symboles 1 (tout) et 0 (rien), puis x, y, z, etc., pour représenter les choses en tant que sujets de nos conceptions et les signes, +, —, ×, = pour les appliquer aux opérations de l'esprit.

Enfin Stanley Jevons a imaginé, à l'instar des machines arithmétiques, une *machine logique* qui est un petit piano à 21 touches, les unes correspondant aux termes positifs ou négatifs (sujets ou prédicats) et les autres aux opérations : copules, etc. On raisonne pour ainsi dire mécaniquement en jouant de ce piano.

><×<

L'ARITHMOMANIE

M. de W... est âgé de 45 ans. Il est presque continuellement renfermé dans son cabinet où on le croit adonné à de sérieux travaux... En réalité, il passe tout son temps à compter combien de fois les mêmes lettres tantôt l'S, tantôt le T, tantôt le G, tantôt le Z, etc., sont répétées dans la *Genèse*, dans l'*Exode*, dans le *Lévitique*, etc...; combien de pages dans telle édition commencent par un P, combien par un B, combien par un A, etc; — combien finissent par un P, combien par un G, etc.

Dr TRÉLAT.

Il lui vint à l'esprit l'idée de la fatalité du nombre 13 et quelquefois, avant de se coucher, il touchait 13 fois sa table de nuit, ou 13 objets différents épars dans sa chambre. Peu à peu, il lui est arrivé de répéter plusieurs fois de suite ces 13 contacts et finalement il passait des nuits entières pour satisfaire à cette obsession. Le nombre 13 le domine de plus en plus : il évite de mettre 13 mots dans une phrase et s'il en a écrit 12, sans compléter le sens, il se hâte d'en ajouter au moins deux pour dépasser 13, par crainte que le treizième ne soit cause d'un malheur. Il en est de même pour le langage, il compte de manière à éviter les phrases de 13 mots. Ce travail fatigant et ridicule le détourne de toute occupation sérieuse.

Dr MAGNAN.

CARRÉS MAGIQUES

On donne ce nom à tout carré divisé en cases où sont inscrits des nombres. tels qu'en les prenant dans une colonne verticale, une rangée horizontale ou une diagonale, on ait toujours le même total. Voici par exemple un carré magique à neuf cases et à la somme constante 15 ; il est formé des neuf premiers nombres :

Remarquons que le carré reste *magique* si l'on ajoute un même nombre à tous ses nombres ou si on les multiplie par un même nombre.

On a donné dans l'Antiquité une importance symbolique à ces combinaisons qu'on retrouve dans presque tous les talismans.

A DÉMONTRER

Fermat affirme, sans démonstration, qu'au-dessus du cube, la somme des puissances semblables de deux nombres n'est jamais la puissance semblable d'un troisième nombre. La proposition est-elle vraie? Fermat en possédait-il une démonstration? Quoi qu'il en soit, les plus habiles mathématiciens n'ont pu démontrer, d'une manière générale, le *Théorème de Fermat*. Il ne faut pas, bien entendu, confondre ce théorème avec un autre du même savant, qu'on démontre dans les Cours.

RÉSOLUTION ÉLECTRIQUE

M. Félix Lucas se sert de l'électricité pour résoudre, à l'aide d'un seul graphique et sans calcul, une équation numérique de degré quelconque. (Compte rendu de l'Académie des sciences du 5 mars et du 9 avril 1888.)

AVANT LEIBNITZ ET NEWTON

On a vraiment lieu de s'étonner que le *Calcul infinitésimal* n'ait pas été inventé plus tôt, surtout quand on songe que ceux qui, par métier, se livrent à des travaux d'une certaine précision, auraient dû y être conduits comme par la main. Ainsi, tout charpentier ou tailleur de pierre est journellement à même de voir qu'il est à peu près impossible que l'outil, destiné à suivre la marque pour diviser une planche ou une pierre, entame exactement le milieu de la ligne tracée, qu'il y a presque toujours des déviations, plus ou moins sensibles autour de ce milieu, et que la somme de ces déviations peut devenir très marquée. Un marchand qui aune un morceau d'étoffe, et le coupe suivant la marque tracée, n'ignore pas combien il lui est facile de retenir à son profit une fraction de mesure qui échappe à l'œil de l'acheteur le plus vigilant; et il sait qu'à la longue les sommes de ces quantités imperceptibles peuvent faire des aunes ou des mètres entiers. Il en est de même du détaillant qui vend des denrées au poids : des grains de poussière, salissant le plateau d'une balance, s'ajoutent au poids, et les sommes de ces infinitésimales, indéfiniment répétées, n'échappent pas à l'esprit mercantile.

Il est à regretter que ces détails de la vie matérielle, qui ont leur importance, aient toujours été jugés indignes d'un penseur. Si les philosophes, à l'époque où la philosophie comprenait toutes les connaissances humaines, avaient daigné y porter leur attention, ils auraient devancé les grands philosophes géomètres du XVIIᵉ siècle...

F. HOEFER.

MOINS PAR-MOINS

Il ne faudra plus dire que *moins par moins donne plus*, fausse règle qui a toujours choqué l'oreille et la raison, mis en déroute les plus fameux calculateurs, occasionné des contestations et des disputes interminables sur les quantités négatives, les racines imaginaires, le cas irréductible, les exposants et les logarithmes négatifs, etc.

PORRO.

NOMBRE DE PLATON

Ce nombre mystérieux, sur lequel les traducteurs et les commentateurs sont loin d'être d'accord, paraît lié à l'égalité

$$3^3 + 4^3 + 5^3 = 6^3,$$

analogue à celle de Pythagore

$$3^2 + 4^2 = 5^2.$$

Il s'agirait d'une période réglant les mariages et les naissances (d'où le nom de *nombre nuptial*) ou de la grande année au bout de laquelle le soleil, la lune et les planètes reprennent les mêmes positions relatives dans le ciel.

⋙⋘

DANS LA RUE

Chasles exagère un peu, lorsqu'il affirme, dans son *Aperçu historique*, qu'on ne peut se flatter d'avoir éclairé et réduit convenablement une théorie, tant qu'on ne peut pas l'expliquer en peu de mots à un passant dans la rue.

Poinsot déclare, de son côté, en parlant des mathématiques, que : « ce n'est jamais assez simple. »

⋙⋘

CÉSARINE

... Cette petite servant d'Égérie au vieux licencié, et plus *trapue en x* que les candidats à Polytechnique et à Normale, cette petite est Césarine en personne...

... Vacquant lui-même, dit-il, Vacquant (c'est le professeur de Spéciales) n'est que de la gnognotte auprès d'elle.

... Certains ouvrages qu'elle seule peut lire couramment... Elle est si étonnante, un génie mathématique. Son père était fort lui-même, seulement trop imbu de Wronski (1).

---

(1) Lagrange et Laplace ont jugé incompréhensible la philosophie des mathématiques de Wronski.

« Tout se résout en somme, dans la vie, même les actes les plus extraordinaires, par des équations bien faites. » (Mot de Césarine)... De ces équations morales, je n'ai vu moi que les *inconnues* dégagées, je veux dire les faits... je ne puis ainsi que noter des *points*, en laissant à de plus perspicaces le soin de retrouver les *coordonnées* psychologiques.

RICHEPIN.

L'HARMONIEN

Le Civilisé (homme actuel) est à l'Harmonien (homme perfectionné?) comme 12 est à 32, c'est-à-dire comme l'addition est à la multiplication, car le nombre 32 est le produit de 8 par 4, c'est-à-dire du premier cube par le premier carré, tandis que 12 n'est que la somme de ces deux chiffres.

A. TOUSSENEL.

Les attractions sont proportionnelles aux destinées.

Charles FOURIER.

PASSIONS ET CONIQUES

L'*amitié* et l'*amour*, qui agissent dans une sphère circonscrite, qui se préoccupent exclusivement de la génération présente, d'un nombre limité d'individus, sont représentés par le *cercle* et l'*ellipse*, courbes finies, fermées, embrassant un espace nettement circonscrit.

La *parabole* et l'*hyperbole*, au contraire, sont des courbes qui ne se terminent pas, qui s'allongent indéfiniment, comme le *familisme* qui songe aux arrière-neveux, comme l'*ambition* qui rêve la postérité.

Dans le groupe *d'amitié* règnent l'égalité et la confusion de rangs. Dans le cercle tous les rayons sont égaux, tous partent du centre et se réfléchissent au centre.

L'ellipse présente deux foyers. Tout ce qui part de l'un se réfléchit à l'autre, image exacte de ce qui se passe entre deux cœurs unis par l'*amour*. Si le plan de l'ellipse s'incline de plus en plus sur une des arêtes du cône, un des foyers s'éloigne et va se perdre à l'infini. Alors l'ellipse se transforme en une parabole. C'est ainsi que l'amour dégénère insensiblement et conduit au *familisme*, c'est ainsi que l'affection qui rayonnait sur un seul être tend à s'élargir, à en embrasser plusieurs, à l'infini, dans le temps, comme les rayons de la parabole qui vont chercher le second foyer à l'infini dans l'espace.

Le rayon parti du foyer de l'hyperbole remonte en s'éloignant de l'axe, après avoir été réfléchi sur la courbe ; il remonte d'autant plus qu'il a atteint déjà, du premier jet, un point plus élevé. C'est ainsi que l'*ambitieux* tend toujours à dépasser le point où il est parvenu et que ses désirs se grossissent de tous ses succès précédents.

L'hyperbole, comme l'ellipse, a pour limite la parabole, parce que l'ambition, comme l'amour, conduit au familisme. L'ambitieux, quand il n'a plus rien à espérer pour lui-même, songe à ses descendants, à sa maison, à son nom qu'il veut remettre aux âges futurs.

H. RENAUD.

UN GRAND NOMBRE

On lit dans une lettre au Père Mersenne : « Vous me demandez si le nombre 100 895 598 169 est premier ou non, et une méthode pour découvrir, dans l'espace d'un jour, s'il est premier ou composé. A cette question, je réponds que ce nombre est composé et se fait du produit de ces deux : 898 423 et 112 303 qui sont premiers. Je suis toujours, mon révérend Père, votre très humble et très affectionné serviteur, *Fermat.* »

La question aurait fort embarrassé nos contemporains, y compris Édouard Lucas, et on ignore la méthode suivie par Fermat.

OBJECTION

Dans la proportion $\dfrac{-1}{1} = \dfrac{1}{-1}$, le premier terme est plus petit que le second, tandis que le troisième est plus grand que le quatrième, ce qui est contradictoire.

D'ALEMBERT.

NOMBRE INDISPENSABLE

Voici un quatrain mnémonique pour retenir le rapport π de la circonférence au diamètre :

> Que j'aime à faire apprendre un nombre utile aux sages !
> Immortel Archimède, artiste ingénieur,
> Qui de ton jugement peut priser la valeur ?
> Pour moi, ton problème eut de pareils avantages.

Les nombres de lettres de chaque mot donnent les chiffres successifs.

$$\pi = 3,14159265\ldots$$

Pour retenir l'inverse $\dfrac{1}{\pi}$, souvent utile,

$$\frac{1}{\pi} = 0,3183098\ldots,$$

on peut se dire que les 3 journées de 1830 sont un 89 renversé.

IMPOT CUBIQUE

Un socialiste a imaginé ce système d'impôt unique d'après lequel chaque citoyen ne payerait plus qu'une somme basée sur le nombre de mètres cubes qui lui seraient nécessaires pour se loger, faire son commerce, etc.

MÈRE SAVANTE

Une femme qui a traduit et éclairci Newton, en un mot un très grand homme, que les femmes ordinaires ne connaissent que par ses diamants... était cette nuit, 4 septembre, à son secrétaire, selon sa louable habitude... Une petite fille est venue au monde sur-le-champ; on l'a mise sur un livre de géométrie qui s'est trouvé là, et la mère est allée se coucher.

VOLTAIRE.

UNE CHENILLE

Les naturalistes ont nommé chenille géomètre une chenille qui en marchant semble mesurer ou arpenter le terrain avec la longueur de son corps.

LAPUTA

De là nous entrâmes dans l'École de Mathématiques dont le Maître enseignait à ses disciples une méthode que les Européens auront de la peine à s'imaginer. Chaque proposition, chaque démonstration était écrite sur du pain à chanter, avec une certaine encre de teinture céphalique. L'Écolier à jeun était obligé, après avoir avalé ce pain à chanter, de s'abstenir de boire et de manger pendant trois jours, en sorte que le pain à chanter étant digéré, la teinture céphalique pût monter au cerveau, et y porter avec elle sa proposition et sa démonstration.

SWIFT.

LA MÉTAGÉOMÉTRIE

Quelques mathématiciens philosophes se sont proposé de constituer une géométrie sans admettre que par un point on ne peut mener qu'une parallèle à une droite. De là des *géométries non euclidiennes* où la somme des angles d'un triangle n'est plus égale à deux droits : dans celle de Rieman, elle est plus petite que deux droits et dans celle de Lobatschewski, elle est plus grande. On peut interpréter ces hypothèses singulières en prenant pour surface fondamentale l'ellipsoïde et l'hyperboloïde à deux nappes.

On a aussi parlé d'une géométrie à plus de trois dimensions et considéré ce qu'on appelle l'*hyperespace*. Il s'agit simplement des équations à plus de trois variables, mais les calculs ne sont susceptibles d'aucune traduction concrète.

LE CAS IRRÉDUCTIBLE

On doit à Cardan (qui l'avait dérobée à Tartaglia) une formule exprimant les trois racines de l'équation du troisième degré, mais, dans le cas où les trois racines sont réelles, la formule, les présentant sous une forme compliquée d'imaginaires, n'est plus utile.

LOI DE MALTHUS

L'économiste Malthus a *prétendu* que, tandis que la subsistance croissait en progression arithmétique, la population croissait en progression géométrique, c'est-à-dire beaucoup plus vite, de là une rupture d'équilibre à redouter. Le remède consisterait à ralentir l'accroissement de la population. — Crainte chimérique, la population peut croître librement.

PARLER DE CE QU'ON SAIT

Voici trois citations étranges de Châteaubriand :

1° Le *trois* est une fraction qui n'est point engendrée et qui engendre toutes les autres fractions.

2° Le calcul décimal peut convenir à un peuple mercantile, mais il n'est ni beau ni commode dans les autres rapports de la vie et dans les équations célestes. La nature l'emploie rarement, il gêne l'année et le cours du soleil ; et la loi de la pesanteur ou de la gravitation, peut-être l'unique loi de l'univers, s'accomplit par le carré et non par le quintuple des distances.

3° Ce globe à la longue année (Jupiter) qui ne marche qu'à la lueur de quatre torches pâlissantes ; cette terre en deuil (Saturne) qui, loin des rayons du jour, porte un anneau comme une veuve inconsolable.

SCEPTICISME

Je te ferai voir dans ce traité qu'il n'y a pas moins de sujets de doute en mathématiques qu'en physique, en morale, etc.

Hobbes : Contra geometras.

Ce qu'on appelle vérités mathématiques se réduit en des identités d'idées, et n'a aucune réalité.

BUFFON.

PEUPLER UN COLOMBIER

Il suffit, a dit un plaisant, de décrire une circonférence avec un jonc pour rayon. *ce qui fait 2 h joue*

NUMÉROTAGE

Ces signes + et — me rappellent ces poteaux qui indiquent au piéton la route qu'il doit suivre; et, si j'en crois mes jambes, une lieue à droite est aussi longue qu'une lieue à gauche.

Dans les villes, ces poteaux sont remplacés par des plaques où sont inscrits les noms des rues et les numéros des maisons. A Paris, par exemple, lorsqu'on va de la Bastille à la Madeleine, on rencontre successivement sur les boulevards : la rue du Temple à gauche en même temps que la rue du Faubourg-du-Temple à droite, puis les rues Saint-Martin et du Faubourg-Saint-Martin, etc.

Eh bien! l'algèbre donne à la Ville de Paris un moyen bien simple de supprimer ce nom de faubourg qui ne saurait convenir à de belles rues qui ne sont pas au delà de son enceinte. Pour cela, il suffit de donner, par exemple, le signe + aux numéros de la rue Montmartre et le signe — à ceux de la rue dite Faubourg-Montmartre. La chose une fois convenue, on pourra effacer le mot faubourg sans le moindre inconvénient.

REDOULY.

SONS

Ayant remarqué, un jour qu'il passait devant un atelier de forgerons, que les sons des marteaux formaient la quarte, la quinte et l'octave, Pythagore eut l'idée de peser les trois marteaux et, des rapports de leur poids, il conclut une théorie mathématique de l'harmonie des sons.

On sait que le même philosophe a, dit-on, composé certaine table qui fait le désespoir des petits enfants, et, ce qui est plus important, qu'il a découvert le carré de l'hypoténuse. A l'occasion de cette admirable proposition, Pythagore a sacrifié une hécatombe aux dieux.

GÉOMÈTRES AU POUVOIR

La France doit devenir un État républicain et que les géomètres gouverneront, en soumettant toutes les opérations au calcul infinitésimal.

FRÉDÉRIC II.

Le grand Frédéric de Prusse n'aimait pas les mathématiques et il a écrit contre elles une longue et lourde satire.

NOMBRE INFINI

Un nombre infini serait pair ou impair ; dans les deux cas, il suffirait d'en retrancher une unité pour rendre l'infini fini, ce qui est absurde.

CAUCHY.

NOMBREUSE FAMILLE

Vauban, dans ses *Oisivetés*, commence un petit chapitre sous ce titre : « La cochonnerie ou calcul estimatif pour connaître jusqu'où peut aller la production d'une truie pendant dix années de temps. »

IMAGINAIRE ÉGAL AU RÉEL

D'après les règles ordinaires du calcul, on aurait
$$\sqrt[4]{a}\,\sqrt{-1} = \sqrt[4]{a}\,\sqrt[4]{(-1)^2} = \sqrt[4]{a}\,;$$
résultat contradictoire, puisque, si a est positif, le premier membre est imaginaire et le second est réel.

DÉSORIENTÉ

Un élève commençait une démonstration du premier livre de géométrie en disant : « je prends le milieu de la droite AB.... », lorsqu'il fut interrompu par cette objection : « Vous n'êtes pas censé savoir prendre le milieu d'une droite, c'est une construction du second livre. »

NOMBRES GÉOMÉTRIQUES

On appelle nombres *triangulaires* des nombres tels que

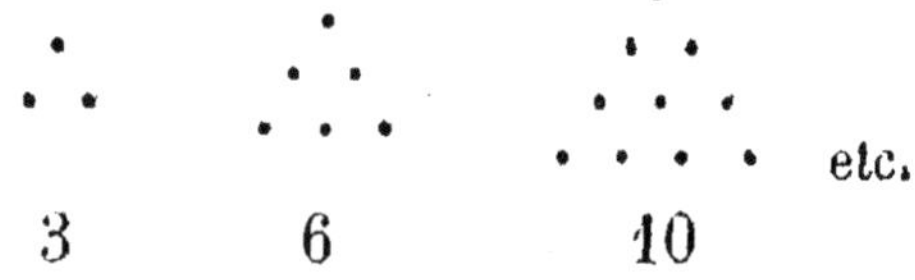

C'est ainsi rangées que voyagent les grues.

Il y a aussi les nombres *quadrangulaires, pyramidaux*, etc.

On croit tous les nombres semblables, mais Leibnitz insiste sur leurs dissemblances.

INCOMMENSURABLE

Beaucoup de personnes voulant parler d'un très grand nombre disent un nombre incommensurable. La locution est mauvaise, puisqu'il y a des nombres incommensurables petits et grands, ainsi $\sqrt{2}$ vaut 1,4142... et π vaut 3,141592... etc.

GARGANTUA

En ce moyen entra en affection d'icelle science numérale, et touts les jours après disner et souper y passait temps aussi plaisantement, qu'il soulait en dez ou és chartes. A tant sceut d'icelle et théoricque et practicque, que Tunstal Anglois, qui en avait amplement escript, confessa que vrayement en comparaison de luy il n'y entendoit que le hault Alemant.

RABELAIS.

SYSTÈMES DE NUMÉRATION

Le système décimal est adopté par tous les hommes, à cause des dix doigts de la main.

Leibnitz admirait beaucoup le système binaire.

Il a été publié une arithmétique tétractique c'est-à-dire à base quatre.

Le Protée d'Homère comptait par cinq les phoques qu'il conduisait.

Huit a eu quelques partisans, mais c'est douze qui a le plus lutté contre dix : on a fait justement remarquer les nombreux multiplicateurs de douze, mais Lagrange a répliqué que si l'on prenait la base onze, toutes les fractions auraient le même dénominateur !

Auguste Comte remarque qu'on pourrait, pour compter, tirer meilleur parti des doigts divisés en phalanges et il compare le pouce et les autres doigts au caporal commandant ses quatre hommes.

>≫⩴≪

On a des exemples d'animaux qui, attachés à une meule, à un tourne-broche, à une corde de puits, etc., apprennent à calculer leur tâche avec la dernière précision. Ces animaux n'ont aucun système de numération, comment donc savent-ils compter?

Proudhon.

>≫⩴≪

CALCUL MENTAL

Mme de Lautré, dont parle Mme de Genlis, faisait dans les salons, des multiplications de nombres de huit chiffres.

Diner, le berger de Stuttgard, devint péniblement maître d'école. N'ont pas percé davantage les autres petits calculateurs prodiges : Annich, Buxton, Colborn, Bidder, Pughiesi, Magimelle, etc. Malgré les meilleures leçons, Henri Mondeux n'a pas pu s'élever au-dessus des calculs numériques. De nos jours, c'est Inaudy qu'on promène comme une curiosité.

Pourtant le jeune Prolongeau est devenu un bon professeur de mathématiques spéciales.

Un de nos amis, lorsqu'il voyageait, décomposait de tête les numéros des wagons en facteurs premiers, en prenait la racine carrée, etc.

>⊱⋞<

OPINION DE POÈTE

L'enseignement mathématique fait l'homme machine et dégrade la pensée. L'âme d'un peuple n'est pas ce chiffre muet et mort à l'aide duquel il compte des quantités et mesure des étendues : la toise et le compas en font autant.

LAMARTINE.

Défiez-vous des ensorcellements et des attraits diaboliques de la géométrie.

FÉNELON.

Un mathématicien de plus, un homme de moins.

>⊱⋞<

ASYMPTOTES

Je lui répliquay lors que j'aimois mieulx suyvre les effects que la raison. Or ce sont choses qui se chocquent souvent : et ma lon dict qu'en la geometrie (qui pense avoir gaigné le hault poinct de certitude parmi les sciences), il se trouve des demonstrations inévitables, subvertissant la verité de l'expérience : comme Jacques Peletier me disoit chez moy, qu'il avoit trouvé deux lignes s'acheminant l'une vers l'autre pour se joindre, qu'il vérifioit toutesfois ne pouvoir jamais, jusques à l'infinité, arriver à se toucher.

MONTAIGNE.

BOUTADES

On raconte que le roi Alphonse, fatigué de cette complication de cercles et d'épicycles qui figuraient dans les conceptions de Ptolémée, s'écria : « Si Dieu m'eût consulté au moment de la création, je lui eusse donné de bons avis. » On a bien à tort taxé d'impiété cette boutade qui visait les hypothèses de l'astronome grec.

ARAGO.

Laplace n'était pas un athée comme Lalande. Il ne faudrait pas prendre au pied de la lettre la réponse qu'il fit, dit-on, à Napoléon lui demandant pourquoi il n'avait pas nommé Dieu dans sa Mécanique céleste : « Sire, je n'ai pas eu besoin de cette hypothèse. » (Voir la préface de la *Vie de Cauchy*, par Valson.)

LA CYCLOÏDE COURT LES RUES

En effet chaque clou de chaque roue de voiture décrit la courbe en question, lorsque la voiture roule.

LIGNE DROITE ET LIGNE BRISÉE

Mademoiselle de Launay avait étudié, comme madame de Grignan, la philosophie de Descartes et un peu de géométrie. Elle tirait de cette science certaines analogies qu'elle appliquait même à l'amour. C'est ainsi que, fort jeune, elle fit une remarque digne d'Euclide sur une personne qui lui donnait souvent la main pour la ramener le soir à son couvent : « Il y avait une grande place à passer, et dans les commencements, *il* prenait son chemin par les côtés de cette place. Je vis alors qu'il la traversait par le milieu : d'où je jugeai que son amour était au moins diminué de la différence de la diagonale aux deux côtés du carré. » Mademoiselle de Launay ne porta pas toujours cette précision scientifique dans les affections du cœur : elle aima, même sans être aimée.

VILLEMAIN.

TAUTOCHRONE ET BRACHISTOCHRONE

La *cycloïde* ou roulette, qui a été étudiée par Pascal, jouit de deux propriétés bien curieuses. Un point pesant descendant le long de sa concavité arrive toujours dans le même temps au sommet inférieur, de quelque hauteur qu'il parte. De plus, c'est cette courbe, et non une ligne droite, que doit décrire un point pesant pour descendre dans le moins de temps possible.

ESTHÉTIQUE

Le problème de l'esthétique des formes revient évidemment à celui-ci : quelles sont les lignes les plus agréables?

Mais qu'est-ce qu'une ligne?

Jamais nous n'avons vu de lignes; nos yeux ne connaissent que des directions. Ce que nous appelons une ligne est la synthèse de deux sens parallèles et contraires. La réalité, c'est la direction, ce sont ce que les géomètres contemporains appellent des *demi-droites*. Je ne vois pas de cercles, mais je vois des cercles décrits dans un sens ou dans un autre, ce que l'on appelle des *cycles*. Par exemple, le cercle euclidéen, le cercle abstrait, peut avoir quatre tangentes parallèles entre elles; le cercle réel, le cycle, ne peut en avoir que deux. Donner quatre tangentes parallèles entre elles à un cercle, c'est faire une figure détestable, parce que cette figure oblige l'œil à changer deux fois de direction; donner deux tangentes au cycle, c'est faire une figure agréable.

C. Henry.

Les nombres harmoniques sont ceux formés uniquement des facteurs premiers 3, 4 et 5 et dont la formule est par suite $2^a \times 3^b \times 5^c$.

Nombres harmoniques : 1, 2, 3, 4, 5, 6, 8, 9, 10, 12, 15, 16, 18, 20, 24, 25, 27, 30...

Nombres qui ne sont pas harmoniques : 7, 11, 13, 14, 17, 19, 21, 22, 23, 26, 28, 29, 31...

Tout est harmonie dans la nature, tout s'y règle par des nombres harmoniques. Exemples : cristallographie, acoustique, etc.

VALEUR VARIABLE

Un franc aujourd'hui ne valait pas encore un franc dans hier et il vaudra plus d'un franc demain, du moins certaines questions de finances. On suppose en effet que l'argent est placé à intérêts composés, qu'il travaille toujours et qu'il a par suite une valeur variable, toujours croissante. Cette hypothèse a parfois inquiété les penseurs, et un livre récent attribue à l'exécrable fécondité de l'argent les souffrances de la société moderne.

⤛⤜

PREMIÈRES TULIPES

Vous savez que le tout est plus grand que sa partie et que, qui ajoute choses égales à choses égales, les tous sont égaux : vous savez toutes les mathématiques...

Les tulipes qui naissent à présent étaient bien enveloppées dans celles qui fleurirent il y a 600 ans. Ainsi les équations de l'algèbre sont-elles bien enveloppées dans les propositions que je viens de vous dire; mais il ne tient qu'à les en tirer. Elles y sont : vous voyez les plus simples et les plus aisées en sortir, puis les autres. Je ne vous apprends rien, mais je vous fais voir jusqu'où va ce que vous saviez.

FONTENELLE.

⤛⤜

DEMI-CIRCONFÉRENCE ET DIAMÈTRE

Ayant divisé le diamètre d'une demi-circonférence en un certain nombre de parties égales, et décrit sur chacune des parties comme diamètre une demi-circonférence, il est facile de voir que la grande demi-circonférence est égale à la somme des autres. Cela est vrai, quelque nombreuses que soient les divisions du diamètre, et par suite vrai encore à la limite lorsque la somme des petites demi-circonférences s'est réduite au diamètre de la demi-circonférence primitive. Donc toute demi-circonférence est égale à son diamètre.

Paradoxe analogue suivant lequel un côté d'un triangle serait égal à la somme des deux autres.

L'explication consiste en ce que la limite d'un nombre *infini* de parties peut ne pas être égal à la somme des limites. Ainsi, divisez un rectangle en petits rectangles égaux très minces dont vous augmenterez indéfiniment le nombre, alors chaque rectangle tendra vers zéro et pourtant leur somme ne sera pas nulle, puisqu'elle égale toujours le rectangle total.

SYSTÈME BINAIRE

Leibnitz crut voir l'image de la création dans son Arithmétique binaire où il n'employait que les deux caractères zéro et l'unité. Il imagina que Dieu pouvait être représenté par l'unité, et le néant par zéro ; l'Être suprême avait tiré du néant tous les êtres, comme l'unité avec le zéro exprime tous les nombres dans ce système d'arithmétique. Cette idée plut tellement à Leibnitz, qu'il en fit part au jésuite Grimaldi, président du Tribunal de mathématiques de la Chine, dans l'espérance que cet emblème de la création convertirait au christianisme l'empereur qui aimait particulièrement les sciences.

PLANÈTES HABITÉES

Il y a d'abord la terre sur laquelle nous vivons. Quant aux autres planètes, elles sont peut-être occupées par des êtres plus ou moins analogues aux hommes. C'est là l'objet d'hypothèses en l'air, sur lesquelles Fontenelle badine agréablement.

ARRIVÉ AVANT D'ÊTRE PARTI

On note à Strasbourg l'instant où une dépêche est
lancée et on note à Brest l'heure à laquelle elle arrive.
La dépêche paraît alors être arrivée avant d'être partie.
Expliquer le paradoxe.

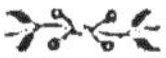

MATHÉMATIQUES EN VERS

> ...une convention

Explique avec clarté la Numération.
A la gauche d'un autre, un chiffre a l'avantage :
Sa valeur est décuple, ainsi le veut l'usage.
Ainsi, quand *cinq* se place à la gauche de *huit*
Il vaut *cinquante*, plus le chiffre qui le suit.

> CHAVIGNAUD : *l'Arithmétique mise en vers.*

La perpendiculaire se pique
D'être plus courte que l'oblique.

. . . .

Le carré de l'hypoténuse
Est égal, si je ne m'abuse,
A la somme des carrés
Construits sur les deux côtés.

A l'abri de l'envie, en compagnes fidèles,
On voit marcher de front, deux droites parallèles.

MODERNISTES OU DÉCADENTS

Paul Verlaine va publier un volume de poésie intitulé : *Parallèlement.*

L'AGE DU CAPITAINE

C'est sous ce nom qu'on désigne tout problème ridicule et complètement indéterminé. Il paraît, en effet, difficile, connaissant la vitesse d'un vaisseau, la hauteur du grand mât, la latitude et la longitude, d'en conclure l'âge du capitaine.

QUADRATURE DU CERCLE

Le temple de Salomon avait la forme d'un hémisphère, son diamètre était de dix coudées et sa circonférence le triple de ce nombre.

BIBLE.

J'étais semblable à ce géomètre qui s'efforce de quarrer le cercle et cherche en vain dans sa pensée le principe qui lui manque.

LE DANTE.

Faire un cercle carré est impossible, parce que cela implique contradiction dans les termes, remarque un philosophe étourdi qui n'a pas compris l'énoncé du problème.

TROP SCRUPULEUX

Quelques savants semblent trouver banales et incomplètes les propositions et les démonstrations habituelles. Ils ont un goût maladif pour le difficile, le rare, l'exceptionnel. Ils font penser à un naturaliste qui n'étudierait que les monstres et à un casuiste qui se chercherait toujours des péchés.

DÉMONSTRATIONS FAUSSES

1º Deux tétraèdres de bases équivalentes et de hauteurs égales sont équivalents : on partage la hauteur commune en beaucoup de parties égales, on mène des plans parallèles aux bases et l'on considère comme des prismes les troncs partiels extrêmement minces. — On n'a jamais le droit de considérer comme parallèles des droites qui dès leur origine diffèrent de direction.

2º Pour démontrer qu'une fraction qui a pour termes des nombres premiers entre eux est irréductible, il ne suffit pas de dire qu'alors on ne peut plus diviser les deux termes par un même nombre. En effet, peut-être pourrait-on simplifier une fraction autrement que par voie de division, par exemple en retranchant aux deux termes des nombres convenables.

FONCTIONS TRANSCENDANTES

Si je nomme un logarithme, une exponentielle, un cosinus, une différentielle, une intégrale, on me demandera quels sont ces êtres inconnus? Vont-ils à deux ou à quatre pieds? Cela vole-t-il, rampe-t-il ou nage-t-il dans la mer ou dans l'eau douce? Sont-ce des êtres saisissables à nos sens, pesants, sonores, blancs ou noirs, chauds ou froids? Si ce sont des êtres métaphysiques, que peuvent-ils faire dans le monde matériel auquel ils sont étrangers? La pensée ne transporte point les montagnes et ce n'est pas avec des formules mathématiques que la nature meut et conserve le monde.

BABINET.

DROITE ÉTRANGE

On ne peut la tracer avec la règle ; la distance de deux quelconques de ses points est nulle ; elle fait un angle constant avec une nouvelle droite quelconque ; elle est perpendiculaire à sa propre direction, etc.

(On dit que l'équation $x + y\sqrt{-1} = 0$ représente une droite *imaginaire* : elle jouit des propriétés indiquées.)

On peut demander aussi de trouver sur une conique un point tel que la tangente et la normale en ce point se confondent.

(C'est un point *imaginaire* de rencontre de la courbe et d'une de ses directrices.)

MESURE DE L'ÂNE

Il paraît que c'est le kilomètre, auquel, trompés par une faute d'orthographe, nous attribuons la signification de mille mètres. « Quant à kilomètre, disent MM. Brachet et Dussouchet, on peut hésiter pour son étymologie entre mesure de l'âne (killos-metron) ou mesure de foin (chilos-metron). Le vrai mot eut été *chiliomètre*, mille mètres. »

GÉOMÉTRIE SANS AXIOMES

Tel est le titre d'un livre anglais de Perronet Thomson, traduit par Van Tenac, où les axiomes incorporés dans les définitions ne sont pas formellement énoncés.

RECOMMANDATION

« Sire, les princes éclairés et généreux aiment à découvrir le mérite modeste et à réparer envers lui les torts de la fortune. Ils se plaisent à donner à l'homme de génie les moyens de jeter sur les sciences cet éclat qu'elles recevront de ses travaux et qui réfléchit sur leur gouvernement. A ce titre, les soussignés, membres de l'Institut de France, se permettent de signaler à la royale bienveillance de Votre Majesté un jeune géomètre, M. Abel, dont les productions annoncent un esprit de premier ordre, et qui néanmoins languit à Christiania, dans un poste peu digne de son rare et précoce mérite. »

LEGENDRE, POISSON, LACROIX.

ANTIPODES

Jamais vous ne persuaderez à un ignorant que d'autres hommes marchent les pieds et la tête opposés à ses propres pieds et à sa propre tête.

PLANÈTE AUX ENCHÈRES

Dernièrement un astronome allemand a fait annoncer dans les journaux qu'ayant découvert une nouvelle planète, il lui donnerait le nom de la personne qui lui offrirait la plus forte somme d'argent. Ajoutons que le savant désirait acheter des instruments plus puissants pour son observatoire.

GÉOMÉTRIE DES ABEILLES

C'est le titre d'un ouvrage anglais de Taylor dans lequel sont expliqués les divers problèmes auxquels donne lieu la construction des ruches.

ARGOT DES ÉCOLES

Deux camarades qui vivent et travaillent dans la même salle sont deux *binômes*.

Les élèves de mathématiques spéciales s'appellent des *taupins*, sans doute parce qu'ils sont presque tous myopes comme des taupes. En première année, ils sont *bizuth* (étymologie à trouver), puis ils deviennent *carrés* et quelquefois, hélas, *cubes* et même *bicarrés*.

Les candidats font, ensemble, après les examens de l'École polytechnique, une promenade à travers Paris. Cette longue file qui serpente en chantant, c'est le joyeux *monôme !*

Voici un télégramme d'un candidat :

Singe faible; bon Jodot; Laius passable; bonne double X; triangle exact.

Les élèves de l'École polytechnique sont des x, la tangente au côté.

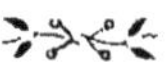

TORTUE D'ACHILLE

Le sophiste Zénon prouvait ainsi qu'Achille ne rattrapera jamais la tortue, qui a une lieue d'avance, quoiqu'il marche dix fois plus vite : Lorsqu'Achille fait la première lieue, la tortue fait 1/10 de lieue et garde ainsi une avance de 1/10 de lieue; lorsqu'Achille fait ce 1/10 de lieue, la tortue fait 1/10 de ce dixième de lieue et garde une avance de un centième de lieue; lorsqu'Achille fait ce centième de lieue, la tortue fait 1/10 d'un centième et garde une avance de un millième de lieue, etc, indéfiniment. La tortue ne sera jamais atteinte, puisqu'elle aura toujours une avance égale au dixième du chemin qu'aura parcouru Achille.

Quiconque connaît la limite de la somme des termes d'une progression géométrique décroissante voit le vice de ce singulier raisonnement.

BALANCE FAUSSE

Chaque jour on pèse très exactement avec une balance fausse, en procédant par la méthode des *doubles pesées*, due à Borda; aucune pesée un peu précise ne se fait autrement.

MOULIN A CAFÉ

Les mathématiques sont comme un moulin à café qui moud admirablement ce qu'on lui donne à moudre, mais qui ne rend pas autre chose que ce qu'on lui a donné.

FARADAY.

CONSÉQUENCES

Les mathématiciens sont comme les amants... accordez à un mathématicien le moindre principe, il va vous en tirer une conséquence qu'il faudra que vous lui accordiez aussi, et de cette conséquence une autre; et malgré vous-même il vous mène à perte de vue, à peine le pouvez-vous croire. Ces deux sortes de gens, les mathématiciens et les amants, prennent toujours plus qu'on ne leur donne.

FONTENELLE.

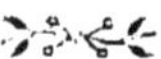

MESURE DE LA SIMPLICITÉ

Un de nos contemporains, homme ingénieux, a expliqué comment on pourrait mesurer la *simplicité* des démonstrations mathématiques. En arrivera-t-on à *mesurer* l'élégance elle-même?

MOITIÉ PLUS UN

Aujourd'hui le nombre est une religion. Le droit est une question d'arithmétique. La moitié plus un est persuadée qu'elle est la raison et la justice, par cela seule qu'elle est la moitié plus un.

Paul LAFITTE.

TRIANGLE ET POÉSIE

Je forme un triangle, ò merveille !
Le peuple des lois endormi
S'agite avec lenteur, s'éveille
Et se déroule à l'infini.

Avec trois lignes sur le sable,
Je connais, je ne doute plus !
Un triangle est donc préférable
Aux mots sonores que j'ai lus ?

SULLY PRUD'HOMME.

COMPARAISON GÉOMÉTRIQUE

La justice et la miséricorde de Dieu sont deux parallèles qui peuvent s'unir par une sécante appelée le repentir.

LACORDAIRE.

PHOTOGRAPHIES CÉLESTES

Les cartes célestes exigeaient un très grand nombre de mesures précises. On se borne maintenant, grâce aux frères Henry, à photographier le ciel avec toutes ses étoiles. Un congrès d'astronomes s'est réuni dernièrement à l'Observatoire de Paris pour régler tous les détails de l'ingénieuse opération.

LOI DES SENSATIONS

Les sensations sont proportionnelles aux logarithmes des impressions.

WEBER.

C'est là un énoncé curieux et obscur qui a été généralement contesté.

NORD ET SUD

Le Nord et le Sud sont les deux points les plus diamétralement opposés de l'horizon.

(Extrait d'un dictionnaire.)

RIEN NE SE PERD

Supposez maintenant que vous vous éloigniez de la terre avec une vitesse *supérieure* à celle de la lumière, qu'arrivera-t-il? Vous retrouverez, à mesure que vous avancerez dans l'espace, les rayons partis avant vous, c'est-à-dire les photographies, qui, de seconde en seconde, d'instant en instant, s'envolent dans l'étendue. Si, par exemple, vous partez en 1867 avec une vitesse égale à celle de la lumière, vous gardez éternellement l'année 1867 avec vous. Si vous allez plus vite, vous retrouverez les rayons partis aux années antérieures et qui emportent avec eux les photographies de ces années.

Pour mieux mettre en évidence la réalité de ce fait, je vous prie de considérer plusieurs rayons lumineux partis de la Terre à différentes époques. Le premier est, je suppose, celui d'un instant quelconque du 1er janvier 1867. A raison de 75000 lieues par seconde, il a, au moment où je vous parle, déjà fait un certain trajet depuis le moment de son départ et se trouve maintenant à une certaine distance, que j'exprimerai par la lettre A. Considérons maintenant un second rayon parti de la Terre cent ans auparavant, le 1er janvier 1767 : il est de cent ans *en avance* sur le premier, et se trouve à une distance beaucoup plus grande, distance que j'exprimerai par la lettre B. Un troisième rayon, celui, je suppose, du 1er janvier 1667, est encore *plus loin*, d'une longueur égale au trajet que parcourt la lumière en cent ans. J'appelle C le lieu où en est ce troisième rayon. Enfin un quatrième, un cinquième, un sixième, sont respectivement du 1er janvier 1567, 1467, 1367, etc., et sont échelonnés à des distances égales, D, E, F, s'enfonçant de plus en plus dans l'infini.

Voilà donc une série de photographies terrestres échelonnées sur une même ligne, de distance en distance, dans l'espace. Or l'esprit qui s'éloigne en passant successivement par les points A, B, C, D, E, F, y retrouve successivement l'histoire séculaire de la Terre à ces époques.

FLAMMARION.

Un moraliste, plus ingénieux que solide, puise dans les considérations précédentes un encouragement au bien. En effet, l'image d'un meurtre ne disparaît plus et, à l'éternelle honte du meurtrier, cette image qui s'envole dans l'espace proclame le crime jusqu'aux astres les plus lointains.

PAIR OU IMPAIR

Il vaut mieux parier pour impair, parce qu'on démontre que, dans un nombre donné de combinaisons, il y en a une de plus où les choses sont prises en nombre impair.

MOUVEMENT PERPÉTUEL

Supposons qu'une machine ait été mise en mouvement d'une manière quelconque, et que les forces mouvantes viennent à disparaître. Alors à cause des résistances passives qu'on ne peut éviter, la vitesse de la machine ira en diminuant et finira par devenir nulle. Il est chimérique de chercher à construire une machine qui puisse se passer de moteur.

VRAI MAXIMUM

En mathématiques, le maximum peut ne pas être la plus grande de toutes les valeurs et le minimum peut être plus grand que le maximum : c'est qu'on compare chaque valeur seulement aux valeurs infiniment voisines, de part et d'autre. Ainsi les mathématiciens vous diront que le carré inscrit dans un carré donné n'a pas de maximum et cependant il est clair qu'il ne peut surpasser le carré primitif.

⁂

SEMAINE DES TROIS JEUDIS

Quoi qu'on en pense, il peut y avoir trois jeudis dans une même semaine, mais pour trois personnes différentes.

Il suffit de supposer qu'il est jeudi dans un port, le lendemain et la veille du retour de deux vaisseaux qui ont parcouru la terre, l'un d'orient en occident, l'autre en sens contraire, à raison de trois degrés de longitude par jour.

⁂

LONGUES FORMULES

Dans les Tables de la lune de l'astronome Delaunay (qui s'est noyé il y a quelques années en se baignant à Cherbourg), il y a plusieurs formules occupant chacune plusieurs pages.

⁂

A MINUIT

Dire l'étendue et le prix d'un champ où du champagne a été bu à minuit par trois cardinaux.

Réponse : 1 hectare, 7 ares, 3 centiares.

⁂

PROFESSEUR DE TRIANGLE (MONOLOGUE)

Je suis professeur ! — « Professeur, de quoi ? » — De quoi ? Je vous le donne en mille... Eh bien, je suis professeur de triangle,... oui, de triangle !

J'ai toujours adoré le triangle; cela doit venir de ce que, en nourrice, on m'avait fait un petit triangle avec des faveurs roses et des grelots, pour m'amuser; je m'en souviens encore, comme si j'y étais, de mon petit triangle.

Lorsque je commençais à marcher, je m'amusais à tracer des triangles sur le sable. Plus tard, au collège, lorsqu'on jouait aux billes, je ne jouais jamais qu'au triangle. En géométrie, je ne savais que ce qui avait rapport aux triangles.

Ah! que de douces heures il m'a fait passer mon triangle, mon cher triangle; grâce à lui, je suis devenu chef de fanfare, chef d'orchestre, etc., etc.

NOMBRES PARFAITS

Ce sont les nombres entiers qui sont égaux chacun à la somme de leurs diviseurs.

Exemples : 6, 28, 496, etc.

ÊTRE ET NÉANT

Qu'est-ce que l'élément infinitésimal? C'est la grandeur décroissant jusqu'à s'évanouir, et prise au moment où elle s'évanouit, car avant, ce serait trop tôt, et après, ce serait trop tard. C'est la grandeur prise au moment où cessant d'être quelque chose, elle n'est pas encore rien du tout, c'est-à-dire au moment où elle participe à la féconde identité de l'être et du néant.

HEGEL.

SÛR QU'UNE CHOSE EXISTE, SANS POUVOIR LA TROUVER

Il y a des certitudes qui ne reposent pas sur l'expérience. Je sais qu'il y a des polygones de 7, de 11, de 13 côtés, etc., tout en sachant qu'on ne peut, actuellement du moins, les construire géométriquement. On admet qu'il y a un carré égal à un cercle donné, et personne ne s'avisera plus de chercher ce carré. Rien de plus aisé que de former une équation du m^e degré, en se donnant au préalable m racines réelles ou imaginaires; l'équation une fois formée, on sait qu'elle a ces racines et pourtant on ne peut pas toujours les dégager.

Or, comment sait-on qu'il y a des polygones réguliers de 7, de 11, de 13 côtés, etc., qu'il y a un carré égal à un cercle donné,....? Par un raisonnement d'analogie et d'induction, celui-ci, par exemple : Je sais diviser une droite en 7 parties égales; si la circonférence était rectifiée, je pourrais la diviser en 7 parties égales. Y a-t-il une droite égale à une circonférence donnée? Oui, car une circonférence est finie et peut croître indéfiniment par infiniment petit; une ligne droite est dans le même cas, donc on peut faire croître une ligne droite de manière à lui donner la longueur de la circonférence proposée.

J. DELBOEUF.

IMPOSSIBILITÉ DU NOMBRE ACTUELLEMENT INFINI

Tout nombre, c'est-à-dire toute somme d'unités réelles, est essentiellement fini; car, puisque chacun des nombres obtenus par des additions successives ne diffère du précédent que par une unité, tous ces nombres successifs sont nécessairement finis à la fois, le second par le premier, le troisième par le second, etc. Tout nombre est nécessairement pair ou impair, premier ou non premier; s'il est pair, il ne contiendra pas tous les nombres impairs; s'il est premier, il ne contiendra pas le dernier des nombres premiers, car la série des nombres premiers est illimitée. En tous cas, qu'il soit pair ou impair, qu'il soit premier ou non premier, il ne contiendra pas son carré, son cube, sa quatrième puissance; il ne sera donc pas plus grand que tout nombre donné; il ne sera pas infini, mais fini. Tout nombre est essentiellement fini, donc le nombre des hommes qui ont existé sur la terre est fini et il y a eu un premier homme; donc le nombre des révolutions de la terre *autour du soleil* est fini et il y a eu une première révolution...

Abbé Moigno.

TITRE SINGULIER

J'ouvre, dit le P. Gratry, le livre de saint Augustin qui porte ce titre étrange « Des dimensions de l'âme ». J'aperçois des figures de géométrie mêlées au texte...

ÉGOÏSME

Il me disait : Quand vous aurez trouvé une nouvelle vérité mathématique ou la solution d'une question importante, gardez-vous d'en simplifier l'exposition. Présentez-la, au contraire, avec toute sa complication originelle. Vos contemporains apprécieront d'autant mieux votre découverte qu'ils auront plus de peine à la bien saisir. Il est vrai que l'avenir lui restituera toujours sa véritable valeur; mais la belle avance, si ceux avec lesquels vous devez vivre, trompés par l'imprudente simplification que vous serez parvenu à lui donner, l'accueillent comme une niaiserie! N'imitez donc ni Lagrange, ni Poinsot, suivez plutôt l'exemple de Laplace et celui de Poisson, dont la lucidité n'atteignait toute sa perfection que lorsqu'il exposait les travaux des autres...

... C'est une véritable duperie que de se livrer à des travaux toujours très pénibles et très difficiles de concentration et de simplification. Si leur publication a pour effet d'accélérer notablement l'œuvre scientifique d'une époque, c'est toujours au détriment de l'auteur qui semble d'autant moins profond mathématicien qu'on le lit plus facilement.

LAMÉ.

UN NOUVEL ENSEIGNEMENT

Tous les hommes apportent en naissant la faculté des mathématiques. Elle se développe chez quelques-uns et s'atrophie, chez la plupart, par défaut d'exercice et d'enseignement. Le but de cette faculté est la découverte successive des lois qui régissent le monde.

Cela posé, cherchons quel mode d'enseignement peut accroître le nombre des géomètres *inventeurs*, les diriger vers le but signalé, et cela le plus promptement possible...

Le nouvel enseignement doit essentiellement satisfaire aux deux conditions suivantes.

1° *Écarter à tout jamais la division de la Science en Mathématiques pures et Mathématiques appliquées.*

La première classe n'existe plus aujourd'hui. L'Arithmétique est éminemment pratique ; la théorie des nombres elle-même retrouve ses plus beaux théorèmes dans l'étude des vibrations. La Géométrie et la Mécanique sont deux branches de la Physique mathématique qui étudient deux propriétés distinctes de la matière, l'étendue et le mouvement. L'Algèbre, le Calcul différentiel, ne sont que les instruments analytiques, indispensables, inséparables, de toutes les théories physiques, ceux qui conduisent aux lois les plus générales des phénomènes qu'on étudie. Le Calcul intégral, traité isolément est un non-sens, car chacun de ses progrès a son origine naturelle dans une application.

2° *Présenter toutes les parties de chaque science à l'aide de leurs propres méthodes d'invention, en se gardant soigneusement de ne parler que des méthodes d'après-coup ou de pure vérification, dites plus rigoureuses, mais complètement stériles.*

Il ne saurait exister de méthode générale pour inventer. Chaque découverte a la sienne, qui lui est propre et même exclusive. Le seul moyen d'exercer l'esprit de recherche consiste à retracer toutes les découvertes déjà connues, telles qu'elles ont été faites. La multiplicité de ces exemples peut seule éveiller la faculté d'en accroître le nombre. Et si, dans la série des méthodes d'invention, l'Analyse et la Géométrie agissent, tantôt réunies, tantôt isolées, il faut conserver religieusement cet ordre naturel. LAMÉ.

ENSEIGNEMENT PAR LES JEUX

Nous soumettons à M. Tissandier, directeur du journal *la Nature*, une idée qui lui sourira. Il a enseigné avec succès la mécanique, la physique et la chimie à l'aide d'expériences amusantes. Ne pourrait-on pas, sans théorie abstraite, donner aussi un aperçu des mathématiques à l'aide de petits problèmes faciles et piquants?

MAUVAISE DÉMONSTRATION

Il ne faut pas dire, pour arriver au volume de la sphère par la méthode des limites, qu'on inscrit dans la sphère un polyèdre *régulier* dont on augmente indéfiniment le nombre des faces. Il n'y a en effet que cinq polyèdres réguliers et celui qui a le plus de faces en a vingt.

DIMINUER EN MULTIPLIANT

Tous les arithméticiens proclament qu'en multipliant un nombre par une fraction proprement dite on le diminue.

ENCORE LA QUADRATURE

Pisthétéros. — Mais, dites-moi, quels instruments avez-vous là?

Méton. — Ce sont des règles pour mesurer le ciel...

... J'appliquerai une règle droite et je prendrai si bien mes dimensions, que *je ferai d'un cercle un carré...*

. . . .

PISTHÉTÉROS. — ... Croyez-moi, retirez-vous au plus vite.

ARISTOPHANE.

CONCESSION

L'Académie des Sciences de Paris se refusa pendant quelque temps à admettre une doctrine (il s'agit des infiniment petits) qui semblait altérer la pureté géométrique ; elle vit naître d'ardentes discussions dans lesquelles plusieurs de ses membres, s'attachant avec obstination à de fausses idées qu'ils s'étaient formées, et à des locutions qui les choquaient sans qu'ils voulussent considérer le fond des choses, contestèrent non seulement la rigueur des raisonnements, mais encore l'exactitude des règles de Leibnitz. Cette opposition fut utile, en forçant les *géomètres infinitésimaux* à donner une forme nette aux principes contestés, qui peut-être n'avaient été mal compris des uns que pour avoir été jusque-là mal expliqués, par les autres. Leibnitz lui-même, que les plus grands géomètres de l'Europe avaient enfin admiré et compris, loin de s'envelopper dans sa gloire et de mépriser les critiques, ne dédaigna pas de répliquer avec courtoisie à des adversaires qu'il estimait malgré la faiblesse de leurs arguments. Sa réponse au *Journal de Trévoux* est restée célèbre par une concession singulière qui semblerait passer condamnation sur le manque de rigueur qu'on lui reprochait ; il assimile en effet les infiniment petits des divers ordres à des grandeurs incomparables à cause de leur extrême inégalité, comme le serait un grain de sable par rapport au globe de la terre. Un tel langage, il faut l'avouer, ne signifie rien de précis et conduirait à confondre l'infiniment petit avec le très petit. Leibnitz ressemble dans cette circonstance, dit Fontenelle, à un architecte qui a fait un bâtiment si hardi qu'il n'ose lui-même s'y loger, tandis que d'autres, plus confiants que lui, s'y logent sans crainte, et qui plus est, sans accident. Mais à cette citation, on doit ajouter que, la lettre de Leibnitz n'étant pas écrite pour des géomètres, la concession qui semble trop timide n'était peut-être que prudente.

J. BERTRAND.

PROBLÈMES CÉLÈBRES

ET CLASSIQUES

Dans les Cours, dans les livres d'enseignement, les mathématiques sont exposées sous forme de théorèmes et de problèmes. Nous allons rappeler très brièvement les énoncés des questions élémentaires les plus importantes que chacun doit connaître, pour y rattacher les questions nouvelles.

ARITHMETIQUE

Nommer beaucoup de nombres avec peu de mots. — Il suffit de désigner par des mots distincts les neuf premiers nombres puis dix, et les divers *ordres*, de dix en dix. On énoncera un nombre en disant combien il contient d'unités de chaque ordre.

Écrire tous les nombres avec dix caractères seulement. — Les dix chiffres, y compris le zéro, suffisent, si l'on convient que chaque chiffre représentera des unités dix fois plus grandes que celles représentées par le chiffre à droite.

Additionner, soustraire, multiplier et diviser les nombres entiers.

Telles sont les opérations fondamentales. La première ne se définit pas, la seconde est inverse de la première, la troisième n'est que l'addition simplifiée de nombres égaux, enfin la quatrième est inverse de la troisième : trouver le plus grand nombre entier dont le produit par le diviseur est contenu dans le dividende.

On peut trouver les restes de la division d'un nombre par certains diviseurs tels que 2, 3, 4, 5, 6, 7, 8, 9, 11, sans faire la division. D'où des caractères de divisibilité par ces diviseurs-là.

Propriétés des nombres *premiers* et des nombres premiers entre eux ...

Recherche des diviseurs premiers, puis de tous les diviseurs d'un nombre donné.

Plus grand commun diviseur et plus petit commun multiple de deux et de plusieurs nombres.

Origine concrète des fractions. — Leur numération. Les fractions sont des quotients.

Multiplication ou division des deux termes d'une fraction par un même nombre.

Une fraction *irréductible* est une fraction telle qu'il n'y a pas de fraction équivalente ayant des termes respectivement plus petits. — Propriété caractéristique des fractions irréductibles.

La réduction de plusieurs fractions au même dénominateur peut se faire d'une infinité de manières. — Condition nécessaire et suffisante pour qu'un nombre puisse servir de dénominateur commun à des fractions données. — Réduction au plus petit dénominateur commun.

Opérations sur les fractions.

Fractions décimales. — Nombres décimaux. — Extension de la numération des nombres entiers.

Opérations.

Conversion des fractions ordinaires en décimales. — Cas où la conversion se fait exactement et cas où l'on obtient des fractions *périodiques*.

Retour des fractions périodiques aux fractions génératrices.

Carrés et racines carrées.

Carré de la somme de deux nombres.

Calcul rapide d'une table de carrés.

Recherche de la racine carrée *entière* d'un nombre entier, puis d'un nombre qui n'est pas entier.

Racine carrée d'un nombre à une approximation donnée.

Racine carrée incommensurable.

Les rapports et leurs applications.

Approximations numériques.

GÉOMÉTRIE

Angles et triangles : leurs propriétés les plus simples. Les parallèles.

Somme des angles d'un triangle et d'un polygone.

Les quadrilatères et, en particulier, les parallélogrammes.

Circonférence et cercle. — Propriétés des arcs et des cordes.

La mesure des angles se ramène à celle des arcs. — Degrés, minutes et secondes.

Règle et compas; équerre et rapporteur. — Constructions et problèmes.

••«(((0)))»»••

Lignes proportionnelles. — Triangles et polygones semblables.

Relations numériques entre les éléments d'un triangle.

Lignes proportionnelles dans le cercle.

Problèmes.

Polygones réguliers.

Calcul de π et mesure de la circonférence.

••«((((0))))»»••

Aire des polygones.

Comparaison des aires.

Aire du polygone régulier et du cercle.

Problèmes.

••«((((0))))»»••

Positions relatives d'une droite et d'un plan, de deux plans, de deux droites dans l'espace.

Propriétés diverses des figures précédentes.

Angles dièdres, leur mesure.

Angles trièdres et angles solides.

••«(((0)))»»••

Polyèdres, et, en particulier, prisme, parallélipipède et pyramide. — Propriétés et mesure.

15

Troncs de pyramide et troncs de prisme.
Symétrie et similitude.

Cylindres, cônes et troncs de cône : surface et volume.

Propriétés de la sphère.
Problèmes de géométrie sphérique.
Surface et volume de la sphère.

Étude géométrique de l'ellipse, de l'hyperbole et de la parabole : ces courbes sont les trois sections coniques.

ALGÈBRE

Notation littérale. — Diverses expressions algébriques ou formules.

Addition, soustraction, multiplication et division des monômes et des polynômes.

Nombres *négatifs*.

Calcul des valeurs *arithmétiques* des radicaux.

Exposants zéro, négatifs et fractionnaires.

Définition et classification des équations.

Principes sur les équations isolées et sur les *systèmes* d'équations.

Résolution d'une équation du premier degré à une inconnue.

Résolution d'un système de deux équations à deux inconnues, de trois équations à trois inconnues, etc.

Formules générales et discussions.

Inégalités.

Problèmes du premier degré ; discussion ; cas des solutions négatives.

Équations du second degré, complètes et incomplètes. — Résolution : toujours deux racines, en admettant les nombres *imaginaires*.

Relations entre les coefficients et les racines. — Applications diverses.

Équations bicarrées et équations réciproques.

Étude du trinôme du second degré et du trinôme bicarré.

Questions de maximum et de minimum.

Problèmes du second degré et leur discussion.

Progressions arithmétiques et géométriques.

Logarithmes.

Intérêts composés et annuités.

A la géométrie et à l'algèbre se rattache la *trigóno-métrie* ou calcul des triangles.

Étude des lignes trigonométriques d'un arc ou d'un angle.

Addition, multiplication et division des arcs.

Expressions logarithmiques.

Équations trigonométriques.

Tables.

Relations entre les éléments d'un triangle.

Divers cas de résolution d'un triangle rectangle et d'un triangle quelconque.

MÉCANIQUE

Notions sur les forces et l'équilibre.

Résultante de deux forces, puis de plusieurs forces agissant sur un même point.

Théorème des moments.

Forces parallèles. — Couples.

Centres de gravité.

Réduction d'un système quelconque de forces à deux.

Deux forces qui ne sont pas dans un même plan n'ont pas de résultante.

Les six conditions générales d'équilibre.

Équilibre des machines simples : levier, balances, poulies, treuil et plan incliné.

Mouvement rectiligne et uniforme. — Vitesse.

Mouvement rectiligne varié. — Extension de la notion de vitesse.

Mouvement rectiligne uniformément varié. — Accélération. — Extension de la notion d'accélération à un mouvement varié quelconque.

Composition des mouvements les plus simples.

·····

Loi de l'inertie et loi du mouvement relatif.

Action d'une force constante.

Proportionnalité des forces aux accélérations. — Masse. — Nouvelle expression des forces.

Mouvement des projectiles.

·····

Travail mécanique.

Machines en mouvement uniforme. — Principe du travail. — Résistances passives.

Force vive.

COSMOGRAPHIE

Mouvement diurne.

Principales constellations.

Théodolite. — Détermination du méridien et de la hauteur du pôle.

Cercles de la sphère céleste.

Lunette méridienne et cercle mural. — Détermination de l'ascension droite et de la déclinaison.

Forme sensiblement sphérique de la terre. — Sa rotation.

Longitudes et latitudes géographiques.

Mesure d'un arc de méridien. — Aplatissement de la terre.

Globes et cartes géographiques.

Mouvement propre apparent du soleil.

Inégalité des jours et des nuits, saisons expliquées d'après les mouvements apparents.

Diverses espèces de jours. — Temps moyen.

Double mouvement de la terre.

Globe solaire.

Phases de la lune.

Mouvement de la lune.

Globe lunaire.

Éclipses de lune et de soleil.

Calendrier.

Mouvement des planètes. — Ptolémée et Copernic.

Lois de Képler. — Attraction universelle.

Détails sur les planètes.

Distance des astres à la terre.

Marées.

Comètes.

Étoiles.

MATHÉMATIQUES SUPÉRIEURES

Elles sont enseignées, d'une part, dans les classes de mathématiques spéciales des Lycées et, de l'autre, dans les Facultés des sciences, à l'École polytechnique et à l'École normale supérieure (section des sciences).

La *Géométrie analytique* consiste dans l'étude algébrique des lignes et des surfaces.

Analytique plane : Deux axes de coordonnées. — Équation d'une ligne. — Lignes du premier ordre ou droites. — Courbes du second ordre ou sections coniques. — Courbes du degré supérieur au second. — Propriétés et discussions.

Analytique à trois dimensions : Trois axes de coordonnées. — Équation d'une surface et équations d'une ligne dans l'espace. — Étude du plan et de la ligne droite. — Surfaces du second ordre.

L'*Algèbre* complémentaire comprend l'analyse combi-
natoire, les séries, les propriétés générales des équations et leur résolution numérique, une première
étude des fonctions, etc, etc.

·«((((O))))»·

Le *Calcul infinitésimal* se divise en Calcul différentiel
et en Calcul intégral.

Dérivées et différentielles. — Différentielles d'ordre
supérieur. — Fonctions de plusieurs variables. — Développements en séries. — Maximums et minimums. —
Théorie des courbes planes. — Courbes gauches et
surfaces courbes.

Problème de l'intégration. — Équations différentielles.

·«((((O))))»·

La *Mécanique rationnelle* suppose des solides parfaitement rigides et inextensibles et elle étudie par le calcul les forces et les mouvements.

Compléments sur la composition des forces et les
centres de gravité.

Attraction des corps.

Mouvements curvilignes.

Force vive et travail.

Pendule simple.

Forces centrales.

Théorie des couples.

Fil flexible. — Chaînette.

Vitesses virtuelles.

Moments d'inertie. — Rotations. — Pendule composé.

A la cosmographie succèdent l'*Astronomie* et la *Mécanique céleste*.

Les mouvements des astres, grands et petits, sont réglés par l'attraction universelle. Il s'agit d'appliquer les principes de la mécanique rationnelle et du calcul infinitésimal à un problème bien déterminé-mais très complexe, chaque corps étant influencé par tous les autres. On procède par approximations successives et par développement en séries, de façon à rendre compte de toutes les *perturbations*.

PROBLÈMES FRIVOLES

ET HUMORISTIQUES

Nos ancêtres goûtaient les *récréations mathématiques* et en particulier les problèmes plaisants et délectables (sic) de Bachet de Méziriac. Nous proposons quelques questions de ce genre, en avertissant qu'un énoncé qui paraît facile conduit parfois à une équation supérieure.

ARITHMÉTIQUE

Combien faut-il de chiffres pour écrire les 10, les 100, les 1000, les 10000 premiers nombres, etc. ?

Si l'on écrit bout à bout les nombres successifs, quel sera le chiffre occupant dans la suite un rang donné ?

Vaincus par les Romains, l'historien Josèphe se réfugia avec quarante juifs, dans une caverne, bien décidés à se tuer plutôt que de se rendre. Ils se mirent sur un seul rang, se comptèrent trois par trois, et tuèrent chaque fois le troisième. On demande quelle place choisit Josèphe pour échapper au massacre.

Josèphe se plaça au 16e ou au 31e rang et il resta finalement avec un seul homme qui devait se laisser tuer à son tour mais qui préféra se rendre à l'ennemi.

Trouver la racine carrée de $\frac{2}{3}$ à $\frac{1}{3}$ près, de $\frac{3}{4}$ à $\frac{1}{4}$ près, de $\frac{5}{6}$ à $\frac{1}{6}$ près, etc., en général de $\frac{n-1}{n}$ à $\frac{1}{n}$. — Même question pour la racine cubique, la racine quatrième, etc.

Montrer que la différence des deux escomptes égale l'escompte en dehors de l'escompte en dedans et qu'elle égale aussi l'escompte en dedans de l'escompte en dehors.

On appelait *règle d'or* notre vulgaire *règle de trois* qui est un problème et non une règle et où il s'agit généralement de plus de trois nombres.

Ajouter aux deux termes d'une fraction deux nombres tels que la fraction ne change pas de valeur.

Voir d'abord quel changement de valeur éprouve une

fraction lorsqu'on ajoute un même nombre à ses deux termes. — Trouver la condition nécessaire et suffisante pour que deux nombres différents puissent être ajoutés aux deux termes.

On écrit les chiffres d'un nombre donné dans un ordre arbitraire, on soustrait les deux nombres, on barre un chiffre de la différence et on donne la somme des autres chiffres de la différence. Deviner le chiffre barré.

Un escargot grimpant le long d'un poteau de 12 mètres fait 3 mètres le jour et redescend de 2 mètres la nuit. Au bout de combien de jours et de nuits aura-t-il atteint le sommet du poteau?

Un arabe laisse à ses trois fils 17 chameaux. Le premier doit en avoir la moitié, le second le tiers et le troisième le neuvième. Répartir les 17 chameaux.

Le premier en prend 9, le deuxième 6, et le troisième 2, ce qui fait bien 17 chameaux, mais chaque héritier a ainsi plus que sa part.

Y a-t-il sur le globe deux hommes ayant le même nombre de cheveux?

Soit 100000, par exemple, le nombre de cheveux

maximum sur une seule tête, alors il n'y a pas plus
-de 100000 individus ayant un nombre de cheveux diffé-
rent, or la terre compte plus de 100000 habitants...

GÉOMÉTRIE

Diviser un triangle en deux parties qui aient à la
fois même périmètre et même surface.

Construire un triangle, un pentagone, et plus généralement un polygone d'un nombre impair de côtés,
connaissant les milieux de tous les côtés.

Quelle est la graduation de l'arc qui a la même longueur que le rayon ?

Tout triangle dont deux des bissectrices sont égales
est isocèle.

Connaissant le rayon d'un rouleau de papier peint
et le nombre des feuilles, déterminer la longueur du
rouleau.

Trouver à l'aide du compas seulement les points de division d'une circonférence en quatre parties égales. — De même, en cinq, huit, douze, etc. parties égales.

On peut résoudre des problèmes avec le compas seul; on peut aussi en résoudre avec la règle seule.

On a ainsi la *géométrie du compas* et la *géométrie de la règle*.

⁂

Inscrire dans un cercle un polygone régulier de dix-sept côtés.

Gauss, dans ses *Disquisitiones aritmeticæ*, démontre qu'on peut construire, avec la règle et le compas, le côté de tout polygone régulier inscrit dont le nombre des côtés est premier de la forme $2^m + 1$.

Il y a de curieuses relations entre les équations binômes et l'inscription des polygones réguliers.

⁂

Le triangle de Pythagore a pour côtés les nombres consécutifs trois, quatre et cinq et, en multipliant ces nombres par un troisième à volonté, on obtient une infinité de triangles rectangles, à côtés entiers.

Ce triangle simple permet d'élever, à l'aide de trois cordeaux, la perpendiculaire en un point d'une droite.

⁂

Étant donné un point sur une sphère impénétrable, construire le point diamétralement opposé.

⁂

Deux villages occupent des positions connues des deux côtés d'un ruisseau, établir un pont qui soit équidistant de chacun d'eux.

❧

Un gourmet paye un franc une botte d'asperges, entourée d'une ficelle; le lendemain il demande pour deux francs une botte des mêmes asperges, qui soit entourée d'une ficelle double. Est-ce équitable?

❧

Couper une pyramide quadrangulaire quelconque suivant un parallélogramme.

Couper un cube suivant un hexagone régulier.

Couper un prisme suivant un triangle équilatéral.

❧

On propose de recouvrir entièrement une portion de plan avec un carrelage formé de polygones réguliers de même espèce, ou d'espèces différentes.

❧

Trouver un triangle rectangle dont les côtés soient des nombres entiers et dont l'aire soit exprimée par le même nombre que le contour.

Réponses : 5, 12 et 13; 6, 8 et 10.

❧

Construire un triangle connaissant ses trois médianes, ses trois hauteurs ou ses trois bissectrices.

Tracer sur le terrain l'ovale du jardinier avec trois piquets et un cordeau.

Inscrire un carré dans un triangle. — Sur quel côté s'appuie le plus grand carré ?

Décomposer un pentagone régulier en sept parties, de façon qu'assemblées convenablement, elles forment un carré.

Trouver la surface d'une figure qu'il est impossible de décomposer en figures géométriques calculables. — Même question pour le volume.

1° Mener la bissectrice d'un angle dont on ne peut pas prolonger les côtés jusqu'à leur point de rencontre.

2° Mener par un point donné une droite qui irait passer par le sommet de l'angle précédent.

3° Distance d'un point à un point inaccessible.

4° Distance de deux points inaccessibles.

5° Hauteur d'une tour dont le pied est accessible.

6° Hauteur d'une tour ou d'une montagne dont le pied est inaccessible.

7° Rayon d'un bassin inaccessible.

8° Prolonger une droite au delà d'un obstacle.

9° Déterminer la largeur d'une rivière qu'on ne peut traverser.

10° Reconnaître si quatre points sont dans un même plan, puis s'ils sont sur une même circonférence.

Décomposer un carré en portions telles qu'en les réunissant convenablement on forme : 1° huit carrés égaux, 2° cinq carrés égaux, 3° trois carrés égaux.

Dans un jour d'été, une pie aperçoit de l'eau dans un trou conique de 3 pouces de diamètre au fond. Elle y vole et constate que l'eau a une surface de 6 pouces de diamètre et s'élève à une hauteur de 2 pouces. La pie ne pourrait atteindre l'eau que si sa surface avait 8 pouces de diamètre. Elle vole vers un trésor qu'elle a découvert, combien faudra-t-il qu'elle y prenne de pièces de monnaie d'une ligne d'épaisseur et de 16 pouces de diamètre pour qu'en les portant dans l'eau, elle puisse boire à son aise ?

ALGÈBRE

Diophante passa dans sa jeunesse le sixième du temps qu'il vécut, un douzième dans l'adolescence, ensuite il se maria, et passa dans cette union le septième de sa vie augmenté de cinq ans, avant d'avoir un fils auquel il survécut de 4 ans, et qui n'atteignit que la moitié de l'âge auquel son père est parvenu. Quel âge avait Diophante quand il mourut?

***

Un mulet et un âne portent des charges de quelques quintaux. L'âne se plaint de la sienne et dit au mulet : il ne me manque que de porter encore un quintal de ta charge pour que la mienne soit le double de la tienne. Le mulet répond : Et moi, si je prends un quintal de ta charge, la mienne sera triple de la tienne. On demande combien de quintaux ils portent chacun.

***

Quelqu'un a un vase de douze pintes plein de vin; il veut faire un cadeau de six pintes ou de la moitié, mais il n'a pour mesurer les six pintes que deux vases, l'un de huit pintes et l'autre de cinq. Comment s'y prendre pour mettre les six pintes dans le vase de huit?

***

Il y a actuellement près d'un milliard trois cent millions d'hommes et l'augmentation annuelle de la population est d'environ 1/200. Combien y a-t-il d'années que vivaient Adam et Ève?

Réponse : 4100 ans.

Bacchus, ayant vu Silène
　　Auprès de sa cuve endormi,
　　　Se mit à boire sans gêne
　　　Au dépens de son ami.
Ce jeu dura pendant le triple du cinquième
Du temps qu'à boire seul Silène eût employé :
Il s'éveille bientôt, et son chagrin extrême
　Dans le reste du vin est aussitôt noyé.
　　　S'il eût bu près de Bacchus même,
　　　Ils auraient, suivant le problème,
　　　Achevé six heures plus tôt ;
　Alors Bacchus eût eu, pour son écot,
　　　Deux tiers de ce qu'à l'autre il laisse.
　　　Ce qui maintenant m'intéresse
　　　Est de savoir, exactement,
Le temps qu'à chaque drôle il faut séparément
　　　Pour vider la cuve entière,
　　Sans le secours de son digne confrère.

Vincent.

Voici la réponse, par un élève du lycée Charlemagne :

Dans cette occasion Silène eut tout l'honneur.
En quinze heures Bacchus acheva la besogne ;

Il n'en fallut que dix au digne précepteur :
J'en conclus qu'il était de moitié plus ivrogne !

Un maître promet à son valet 360 fr. par an et une livrée ; il le renvoie au bout de 10 mois et en lui donnant 290 fr. et la livrée. Combien valait cette livrée ?

Combien doit-on à un maçon qui s'était engagé à creuser un puits de 20 mètres de profondeur et qui tombe malade après avoir creusé le dixième mètre.

Réponse : 125 francs, si l'on suppose qu'on paye cinq francs pour creuser une profondeur d'un mètre et pour emporter la terre.

Construire avec un carton carré la boîte de capacité maximum.

Construire avec une toile carrée la tente régulière carrée de capacité maximum.

A quelle distance du pied de la colonne Vendôme, un vieux soldat doit-il se placer pour voir son Empereur sous le plus grand angle possible ?

Prenez un domino, multipliez l'un des nombres par
...tez 5, multipliez par 5, ajoutez l'autre nombre du do...
...mandez le total : — Du total vous retranchez 25 et le premi...
...ffre de la différence sera l'un des nombres du domino, l'au...
a le second nombre —

Comment deviner un nombre pensé?

1° Du carré du nombre immédiatement supérieur, faites retrancher le carré du nombre; on vous dit la différence, vous retranchez un, puis vous prenez la moitié.

2° Vous pouvez aussi faire multiplier le nombre immédiatement supérieur par le nombre immédiatement inférieur; on vous dit le produit, vous ajoutez un, puis vous prenez la racine carrée.

3° Autrement : Faites tripler le nombre pensé, retrancher ensuite un, tripler le nouveau résultat et ajouter ensuite le nombre pensé; demandez ce qu'on a ainsi obtenu, ajoutez 3 au résultat et prenez les dizaines du nombre obtenu.

4° Voir au-dessus

Dans une cage de lapins et de faisans, il y a en tout 35 têtes et 94 pattes. Combien y a-t-il d'animaux de chaque espèce?

Lorsqu'un ouvrier travaille tous les jours, même le lundi, il économise 5 francs par semaine; mais quand il ne travaille pas le lundi, il se met en retard de 3 francs. Au bout de 12 semaines, il a épargné 36 francs; Combien a-t-il eu de bonnes semaines?

Combien un piéton fait-il de kilomètres à l'heure, sachant qu'ayant fait 24 kilomètres, s'étant reposé une heure et ayant fait ensuite 15 kilomètres en marchant deux fois moins vite, son voyage a duré 14 heures et demie?

Archimède, voulant connaître la composition en or et en argent de la couronne du roi Hiéron, constata qu'elle pesait vingt livres dans l'air et qu'elle perdait une livre 1/4, lorsqu'on la pesait dans l'eau. Les densités de l'argent et de l'or sont 10,5 et 19. Quelle était la composition de la couronne?

(On sait qu'un corps plongé dans un liquide perd une partie de son poids égale à celui du liquide qu'il déplace.)

Deux localités A et B étant distantes de 225 kilomètres, le quintal de charbon coûte 3 fr. 75 en A et 4 fr 25 en B et le transport 0 fr. 08 par tonne et par kilomètre. On demande le lieu entre A et B où le charbon revient au même prix, qu'on le fasse venir de A ou de B. — Montrer que c'est en ce lieu que le charbon revient le plus cher.

Un vieillard, fin spéculateur, qui a ses trente-deux dents, fait le marché suivant: Les sommes qu'il touchera pour chaque *dent extraite* de sa bouche seront en progression géométrique de premier terme et de raison 2. Mais pour chaque dent *non extraite* de la même bouche, les sommes à payer au dentiste seront en progression géométrique de premier terme et de raison 3. Contrairement à ses prévisions, le vieillard se trouve mal après l'extraction de la dix-neuvième dent et renonce à continuer. Calculez : 1° la somme qui eût été gagnée si l'extraction des trente-deux dents avait été complète ; 2° la somme à payer au dentiste par suite des treize dents non arrachées.

◌◌◌

Trois bœufs ont mangé en deux semaines l'herbe contenue dans 2 ares de terrain, plus l'herbe qui y a poussé pendant ces deux semaines. — Deux bœufs ont mangé en quatre semaines l'herbe contenue dans 3 ares de terrain, plus l'herbe qui y a poussé pendant ces quatre semaines. — Combien faudra-t-il de bœufs pour manger en six semaines l'herbe contenue dans 6 ares de pré, plus l'herbe qui y pousserait pendant ces six semaines ?

NEWTON.

◌◌◌

Un banquier qui fait pour 10 millions d'affaires par an veut savoir ce qu'il gagne à renouveler le placement de ses capitaux deux fois, trois fois, quatre fois, etc., par an et enfin en les replaçant *à chaque instant*. (Les intérêts se composent à 6 0/0.)

Réponse : Au lieu de 10 600 000 francs, le banquier a au bout de l'année 10 612 080 francs, etc., etc... et enfin 10 618 365 francs.

◌◌◌

Un marchand de bestiaux achète 40 moutons à 32 francs pièce; il en perd un certain nombre et revend les autres, en augmentant par tête le prix d'achat d'autant de francs qu'il a perdu de moutons. Il gagne ainsi 15 francs sur son marché. Combien avait-il perdu de moutons?

Même question, en supposant que le marchand ne gagne ni ne perd sur son marché.

Même question encore, en supposant que le marchand perd 20 francs sur son marché.

❧❧❧

Un voyageur d'une taille de $1^m,80$ s'avance vers un phare allumé; au début son ombre est de 3 mètres et, lorsqu'il a avancé de 100 mètres, son ombre est de $2^m,20$; à quelle distance du phare est-il dans sa seconde position et quelle est la hauteur du phare? — Même question, lorsqu'on ne donne pas la taille de l'homme et qu'on ne demande plus la hauteur du phare.

❧❧❧

Une montre à trois aiguilles marque deux heures; à quelle heure l'aiguille des secondes sera-t-elle bissectrice de l'angle des deux autres?

❧❧❧

D'après l'article 757 du Code civil, le droit de l'enfant naturel est d'un tiers de la portion héréditaire qu'il aurait eue, s'il eût été légitime. Partager en conséquence la succession d'une personne qui laisse l enfants légitimes et n enfants naturels.

Réponse. — En prenant l'héritage pour unité, M. Catalan trouve pour la part d'un enfant légitime :

$$\frac{1}{l} - \frac{n}{3l(l+1)} + \frac{n(n+1)}{3^2l(l+1)(l+2)} - \cdots \pm \frac{n(n-1)\ldots 3.2.1}{3^n l(l+1)\ldots(l+n)}.$$

Un renard poursuivi par un lévrier a 60 sauts d'avance ; le renard fait 9 sauts pendant que le lévrier en fait 6, mais 3 sauts du lévrier en valent 7 du renard. Après combien de sauts le lévrier atteindra-t-il le renard ?

Un lévrier vient d'atteindre un lièvre qui avait 77 sauts d'avance. On sait que 12 sauts du lévrier en valent 17 du lièvre et que pendant que le lévrier aurait fait autant de sauts qu'en a fait le lièvre, celui-ci en aurait fait 216 de plus. Combien le lièvre avait-il fait de sauts avant d'être atteint ?

Un père a 49 ans et son fils en a 10. Dans combien d'années l'âge du père sera-t-il le quadruple de celui du fils ?

A quel prix un bouquiniste avait-il acheté un vieux livre, sachant que, l'ayant revendu 171 francs, il a gagné autant pour cent que le livre lui avait coûté ?

Deux bureaux de bienfaisance ont distribué chacun 1200 francs à des pauvres; le second en a secouru 40 de plus que le premier, mais il a donné 5 francs de moins à chacun. Combien chaque bureau a-t-il secouru de pauvres?

Quand les deux soupapes sont ouvertes, un réservoir est vidé en 15 heures; la petite, étant seule ouverte, met 16 heures de plus que la grande pour vider le bassin. Combien de temps chaque soupape met-elle seule pour vider le bassin?

-- Le roi de Perse ayant demandé à Sessa, l'inventeur du jeu des échecs, quelle récompense il désirait, Sessa répondit qu'il désirait un grain de blé pour la première case, deux pour la seconde, quatre pour la troisième, huit pour la quatrième et ainsi de suite, en doublant toujours jusqu'à la soixante-quatrième case.

Le roi sourit; or, en faisant le calcul, on trouve

$$2^{64} - 1 = 18446744073709551615 \text{ grains de blé,}$$

plus que la terre ne produirait en un an, si toute sa surface était ensemencée en blé.

Un tonneau contient cinquante litres de vin pur; on en retire deux litres qu'on remplace par de l'eau; du nouveau vin on retire encore deux litres qu'on remplace par de l'eau ; on agit de même une troisième fois. On demande la composition en vin et en eau du mélange final.

⧈

Combien a-t-on eu de mètres d'étoffe pour 180 francs, sachant que si, pour ce prix on avait eu 2 mètres de plus, chaque mètre aurait coûté 3 francs de moins ?

EULER.

⧈

Combien une horloge, sonnant les heures, les quarts, les demies, les trois quarts, frappe-t-elle de coups pendant le tour du cadran ?

⧈

Déterminer sur la droite qui joint deux lumières le point également éclairé.

CLAIRAUT.

⧈

Trouver un triangle ayant pour côtés trois nombres entiers consécutifs et dont le plus grand angle soit double du plus petit.

⧈

Un arpenteur, après avoir mesuré un terrain rectangulaire, en a oublié les dimensions, mais il sait que leur somme est 650 mètres et que la superficie du terrain est 10 hectares 46 ares 45 centiares. Calculer les deux dimensions du champ.

⧈

Trouver les rayons d'un cylindre et d'un cône, de même hauteur connue, sachant qu'ils sont équivalents en volume et en surface.

⁂

Trouver la somme des carrés et la somme des cubes des n premiers nombres.

⁂

Le prix du diamant étant proportionnel au carré de son poids, un diamant cassé en deux morceaux quelconques perd de sa valeur; dans quel cas la dépréciation est-elle la plus grande possible?

⁂

Quelle annuité faut-il payer pour réduire de moitié, au bout d'un temps donné, une dette contractée à intérêts composés à un certain taux?

⁂

Dans le trajet d'une voiture, on a remarqué que la roue de devant, qui a 2^m,20 de tour, a fait 2000 tours de plus que la roue de derrière, qui a 4 mètres de tour. Quelle est la longueur du trajet?

⁂

On fait une première saignée et on pèse la partie solide du sang écoulé; on injecte un poids connu d'eau distillée; on fait une seconde saignée de même poids que la première et on en pèse encore la partie solide. Calculer, d'après ces expériences, le poids du sang circulant dans le corps.

VALENTIN.

Réponse : 14 kilogrammes, un nombre un peu trop fort, parce qu'on néglige l'eau transsudée pendant les cinq minutes nécessaires pour que l'eau se répartisse dans tout le sang.

❧

Pour calculer la profondeur d'un puits, on peut noter avec une montre à secondes combien de temps il s'écoule entre l'instant où on laisse tomber une pierre à l'ouverture du puits et l'instant où l'on entend le choc contre le fond.

❧

Calculer la vitesse propre d'un bateau, sachant que pour descendre 24 kilomètres sur une rivière dont le courant est de 3 kilomètres par heure et pour remonter ensuite 13 kilomètres, il a fallu en tout 7 heures au bateau.

❧

Trouver un nombre de deux chiffres égal au produit de la somme de ses chiffres par leur différence.

❧

MÉCANIQUE

Deux courriers marchant uniformément sur deux droites, quelle position occupent-ils lorsque leur distance est minimum ?

❧

Faire tourner les deux pieds autour des talons restant fixes, jusqu'à ce que la base d'appui soit maximum : c'est alors que la stabilité est la mieux assurée.

❧

Est-il rigoureusement vrai que : *Aucune force ne se perd ?*

❧

Une pierre lancée fait 100 mètres pendant la première seconde de son mouvement, 99 mètres pendant la deuxième seconde, 98 mètres pendant la troisième, et ainsi de suite. Combien fera-t-elle de chemin en continuant à se mouvoir indéfiniment ?

Réponse : 10 kilomètres.

❧

Centre de gravité d'une sphère dans l'intérieur de laquelle est pratiquée une cavité sphérique ; — 2° lorsque la cavité est remplie d'une substance différente.

❧

Expliquer la suspension des cerfs-volants sous l'action du vent et de la traction de la corde.

Faire voir qu'en orientant convenablement la voile, on peut, sous l'action d'un vent de direction donnée, faire prendre à un bateau des directions presque en sens contraire.

ASTRONOMIE

On demande combien de kilomètres par minute parcourt un paralytique du Pérou, qui se croit cloué sur son fauteuil.

Les aiguilles coïncident à midi, on demande l'heure exacte de leur prochaine rencontre, puis de leur position en ligne droite. — Qu'arriverait-il si elles marchaient en sens contraire l'une de l'autre?

En supposant trois aiguilles, à quelle heure l'aiguille des secondes divisera-t-elle en deux parties égales l'angle des deux autres?

Trouver, en un point donné, le jour de plus petit crépuscule.

Quelle heure est-il sachant qu'il reste encore de la journée les quatre tiers de ce qui s'est écoulé?

A quelle distance deux marins dont les vaisseaux marchent en sens contraire cessent-ils de s'apercevoir? On connaît leur hauteur commune au-dessus du niveau de la mer.

Calculer la différence des chemins parcourus par le sommet et le pied de la tour Eiffel, haute de 300 mètres, pendant une rotation de la terre sur elle-même. — Calculer aussi la surface alors engendrée par l'axe de la tour.

Quelles seraient les apparences astronomiques pour un observateur situé sur la lune?

MATHÉMATIQUES SUPÉRIEURES

Une caisse parallélipipédique, étant remplie d'un très grand nombre de petites boules égales, on demande quelle partie de la caisse est occupée par les boules.

Réponse : $\dfrac{\pi}{3\sqrt{2}}$, environ les $\dfrac{3}{4}$.

Au jeu d'échecs, faire parcourir au cavalier les 64 cases, l'une après l'autre, sans le faire passer deux fois par la même.

Chacun sait qu'un cavalier placé sur une case d'une certaine couleur ne peut passer que sur les cases de l'autre couleur qui sont à deux rangs de la sienne.

❧

Deux tonneaux de capacité différente sont pleins de deux vins différents, trouver quel même nombre de litres il faut prendre dans les deux pour qu'après l'échange les deux pièces aient la même composition.

❧

Même question en supposant une proportion différente de même vin et d'eau dans les deux tonneaux.

❧

Sur le bord d'une rivière se trouvent un loup, une chèvre et un chou ; il n'y a qu'un bateau si petit, que le batelier seul et l'un d'eux peuvent y tenir. Il s'agit de les passer tous trois, de telle sorte que le loup ne mange pas la chèvre, ni la chèvre le chou en l'absence du batelier.

❧

Le nombre des décès étant de 1/42 de la population et le nombre des naissances de 1/35, on demande en combien de temps la population d'un pays sera doublée.

⁂

Pierre et Paul sont soumis à un scrutin de ballottage; l'urne contient m bulletins favorables à Pierre, n favorables à Paul; m est plus grand que n, Pierre sera élu. Quelle est la probabilité pour que, pendant le dépouillement du scrutin, les bulletins sortent dans un ordre tel que Pierre ne cesse pas un seul instant d'avoir l'avantage?

⁂

On tire à la cible. L'arme, sans être parfaite, ne présente aucun défaut systématique; les déviations ont en tous sens la même probabilité. Quelle est la probabilité pour que le point frappé soit à une distance du but comprise entre r et $r + dr$?

Données insuffisantes.

⁂

Combien y a-t-il de mots formés de trois voyelles et six consonnes? (les mots peuvent n'avoir aucune signification et même ne pas être prononçables).

Réponse : 98 956 601 600 mots.

⁂

Trouver l'arc double de sa corde.

Ce problème donne lieu à une équation transcendante;

il ne peut pas être résolu avec la règle et le compas. De même pour les trois exercices suivants.

❧

Partager un demi-cercle en deux parties équivalentes par une parallèle au diamètre.

❧

Quelle doit être la longueur de la longe d'un cheval pour qu'en la fixant au contour d'un pré circulaire l'animal ne puisse tondre que la moitié du pré ?

❧

Percer une voûte hémisphérique de quatre fenêtres égales de façon que le reste de la surface soit exactement carrable. (Fenêtres de Viviani).

❧

Dans un pays qui compte 10 millions d'électeurs, on en désigne 20000 par un tirage au sort, pour leur faire élire un représentant. En supposant que le pays soit partagé entre deux opinions, 4500000 d'un côté et 5500000 de l'autre, quelle est la probabilité pour que le candidat élu appartienne à la minorité?

Données insuffisantes.

❧

Dans la question des *intérêts composés continus*, on demande ce que devient, au bout d'un nombre donné d'années, un capital placé à un taux connu, en supposant que l'intérêt se capitalise *d'instant en instant*.

⏥

Trouver le diamètre d'un cercle, étant données les longueurs de trois cordes formant un contour fermé terminé aux extrémités de ce diamètre.

NEWTON.

⏥

On place bout à bout n couples de cartes inclinées l'une sur l'autre et une carte entre deux couples; par dessus on met $n - 1$ couples dont on assure la stabilité de même, et ainsi de suite. Combien faudra-t-il de cartes pour faire ce château?

Même question pour un château à étages carrés, la stabilité étant obtenue en remplaçant chaque couple par un nombre de couples égal à celui des couples primitifs.

⏥

Un chien part d'un lieu en dehors de la route et court vers son maître qui chemine uniformément. Étudier la *courbe du chien*.

⏥

Trouver le lieu du point tel que le produit de ses distances à plusieurs droites données soit dans un rapport constant avec le produit de ses distances à d'autres droites données.

Ce problème, qui avait occupé les Anciens, est traité par Descartes, au commencement de sa Géométrie.

༄༅

Comment passer successivement sur tous les ponts de Paris, sans passer deux fois sur aucun d'eux ?

Cas où l'on ne tient pas compte du pont en bois de l'Estacade et cas où l'on en tient compte.

༄༅

Trouver un triangle dont les trois côtés et la surface soient représentés par des nombres entiers.

Voici une solution donnée par M. Catalan :

$$a = 12355, \; b = 12363, \; c = 34, \; S = 204204.$$

༄༅

Des enfants dansent en rond en se donnant la main, autour d'un autre placé au centre. Comment faut-il disposer les enfants, dans leurs rondes successives, pour que chacun d'eux se trouve une fois au centre, et deux fois voisin de tous ses camarades.

༄༅

Quinze jeunes filles se promènent journellement trois par trois; on demande comment il faut arranger leurs promenades de telle sorte que chaque jeune fille se trouve successivement une seule fois en compagnie avec toutes les autres.

On sacrifiait à Apollon sur un autel cubique en or. Pendant une épidémie, on fit demander au dieu, pour l'apaiser, ce qu'il désirait; l'oracle répondit : Doublez l'autel.

Les prêtres construisirent un autel de côté double, mais la peste ne cessa point.

Le problème de la *duplication du cube* n'est pas *élémentaire*, c'est-à-dire qu'il ne peut pas se résoudre avec la règle et le compas, en traçant seulement des droites et des circonférences.

Diviser un angle en trois parties égales ou problème de la *trisection*.

Même observation que pour la question précédente : on ne peut que procéder approximativement.

Construire le carré équivalent à un cercle de rayon donné : tel est le problème de la *quadrature du cercle*.

Il faudrait savoir d'abord rectifier la circonférence, c'est-à-dire tracer la droite de même longueur qu'une circonférence de rayon donné, puis prendre la moyenne proportionnelle entre cette droite et la moitié du rayon.

On a démontré récemment que le problème est impossible avec la règle et le compas. Ce n'est pas seulement parce que π est incommensurable, puisqu'on sait construire rigoureusement certains nombres incommensurables.

✤

Un centime a été placé, au commencement de l'ère chrétienne, à intérêts composés à 5 0/0, on demande sa valeur en 1889. — Calculer le rayon d'une sphère d'or de même valeur et comparer ce rayon à celui du globe terrestre.

✤

Un bon bourgeois fit faire dans sa cave un casier de neuf cases disposées en carrés ; la case du milieu était destinée à recevoir les bouteilles vides provenant de la consommation de soixante bouteilles pleines, qu'il disposa dans les huit autres cases en mettant six bouteilles dans chaque case des angles et neuf dans chacune des autres cases. Son domestique enleva d'abord quatre bouteilles qu'il vendit, et disposa les bouteilles restantes de manière qu'il y en eût toujours vingt et une sur chaque côté du carré. Le maître, trompé par cette disposition, pensa que son domestique n'avait fait qu'une transposition de bouteilles, et qu'il y en avait toujours le même nombre. Le domestique profita de la simplicité de son maître pour enlever de nouveau quatre bouteilles, et ainsi de suite jusqu'à ce qu'il ne fût plus possible d'en enlever quatre sans que le nombre vingt et un cessât de se trouver sur chaque côté du carré. On demande comment il s'y prit à chaque fois et de combien de bouteilles il fit tort à son maître.

BACHET DE MEZIRIAC.

Déterminer toutes les manières possibles de placer huit reines sur l'échiquier ordinaire, de telle sorte qu'aucune des reines ne puisse être prise par une autre.

GAUSS.

Faire rapidement la somme des piles de vieux boulets *sphériques :* piles carrées, rectangulaires ou triangulaires

NOTE BIBLIOGRAPHIQUE

Aux renseignements sur les livres célèbres de mathématiques, épars dans cet ouvrage, nous allons ajouter les titres seulement de quelques livres sur la philosophie, l'histoire, les applications, l'enseignement et les curiosités des mathématiques.

AMPÈRE. — Philosophie des Sciences, 2 vol.
BONNEL. — Note sur la géométrie imaginaire.
DE CAMPOU. — Théorie des nombres négatifs.
L. CARNOT. — Réflexions sur la métaphysique du calcul infinitésimal.
T.-V. CHARPENTIER. — Descartes.
CHASLES. — Géométrie supérieure.
COYTEUX. — Exposé des vrais principes des mathématiques.
A. COMTE. — Philosophie positive (remarquable surtout par l'essai de classification des sciences).
DELBŒUF. — Prolégomènes philosophiques de la Géométrie.
ÉVELIN. — Infini et quantité.
DE FREYCINET. — Essai sur la métaphysique du haut calcul.
GICON. — Nombres incommensurables.
HOUEL. — Essai de critique sur les principes fondamentaux de la géométrie élémentaire.
L. HUGO. — Du symbolisme licite en mathématiques.
JACQUIER. — De l'esprit des mathématiques supérieures.
LAGUERRE. — Recherches sur la géométrie de direction.
LAISANT. — Théorie des quaternions.
LIARD. — 1° Définitions géométriques et définitions empiriques; 2° Descartes; 3° Les logiciens anglais contemporains.

Moigno (Abbé). — De l'impossibilité du nombre actuellement infini.

Mourey. — La vraie théorie des quantités négatives et des quantités prétendues imaginaires.

Pascal.

Poncelet. — Traité des propriétés projectives.

De Tilly. — Les géométries non euclidiennes.

Vallès. — Des formes imaginaires en algèbre.

Allegret. — Pascal, Viète, Newton et Leibnitz.

Marie Agnesi. — Traité de calcul infinitésimal (Traduction Bossut).

F. Arago. — Notices biographiques.

J. Bertrand. — Les fondateurs de l'astronomie moderne.

Bossut. — Histoire des mathématiques (2 vol. 1810).

Chasles. — Aperçu historique sur les méthodes en géométrie.

Delambre. — Rapport sur les progrès des sciences mathématiques (1810).

Desboves. — Étude sur Pascal.

Louis Figuier. — Vies des savants illustres.

Fontenelle. — Éloges des académiciens.

Garnier. — Trisection de l'angle (1809).

De Fonvielle. — La mesure du mètre.

Sophie Germain. — Mémoire sur les surfaces élastiques.

Charles Henry. — Lettres de Lagrange, de Laplace, d'Euler; les deux plus anciens traités français de mathématiques; introduction à une esthétique scientifique, etc.

Maindron. — L'Académie des sciences.

Mansion. — Précis de l'histoire des mathématiques.

Maximilien Marie. — Histoire des sciences mathématiques (12 volumes).

Montucla. — Histoire des mathématiques (4 volumes).

Pinet. — Histoire de l'École Polytechnique.

Saverien. — Progrès de l'esprit humain dans les sciences exactes.

P. Tannery. — La Géométrie grecque.

Valson. — Essai sur la vie et les travaux de Cauchy.

Amigues. — A travers le ciel.

Annuaire du bureau des longitudes (Petit mémorial indispensable, avec des notices scientifiques).

J. Bertrand. — Calcul des probabilités.

Buffon. — Essai d'arithmétique politique.

Charlon. — Théorie mathématique des opérations financières.

Collet. — La carte dite de l'État-Major.

Cournot. — Recherches sur les principes mathématiques de la théorie des richesses.

DORMOY. — Théorie mathématique des assurances sur la vie.

CHARLES DUPIN. — Géométrie et méchanique des Arts et Métiers (4 vol.).

FLAMMARION. — Études et lectures sur l'astronomie (9 pet. vol.).

DE LA GOURNERIE ET E. LEBON. — Arches biaises.

GUYOU ET SIMART. — Géométrie du navire.

LABOSNE. — Instruction sur la Règle à calcul.

LAPLACE. — Exposition du système du monde; Essai philosophique sur le calcul des probabilités.

SÉBASTIEN LECLERC. — Pratique de la géométrie sur le papier et sur le terrain (1764).

MAURICE LÉVY. — La statique graphique (4 vol.).

ÉDOUARD LUCAS. — Application de l'arithmétique à la construction de l'armure des satins réguliers.

E. PICARD. — Introduction aux principes mathématiques du monde physique.

MAHISTRE. — L'art de tracer les cadrans solaires.

AMIRAL MOUCHEZ. — La photographie astronomique.

LE P. SECCHI. — Le soleil.

SONNET. — Dictionnaire des mathématiques appliquées.

F. THOMAN. — Théorie des intérêts composés et des annuités.

DAUGE. — Méthodologie mathématique.

DUHAMEL. — Des méthodes dans les sciences de raisonnement (5 vol.).

LACROIX. — Essai sur l'enseignement des mathématiques.

LAGOUT. — Tachimétrie.

REDOULLY. — ABC de l'X : Grammaire et logique des mathématiques.

REBIÈRE. — Conseils aux candidats aux Écoles.

PAUL SERRET. — Des méthodes en géométrie.

BACHET DE MÉZIRIAC. — Problèmes plaisants et délectables qui se font par les nombres. (Édition Labosne.)

PRINCE BONCOMPAGNI. — Cinq lettres de Sophie Germain à Gauss.

BUSSCHOP. — Recherche sur le jeu du solitaire (Bruges, 1879).

CARLET. — Application des Mathématiques à la Médecine.

Carrés magiques. — Frenicle, Sauveur, Euler, Violle, Thompson, Horner, Laquière, Frolow, etc.

CORIOLIS. — Théorie mathématique du billard.

CHAVIGNAUD. — Nouvelle arithmétique mise en vers.

DELBOEUF. — Sur le théorème de d'Alembert.

VAN ETTEN. — Récréations mathématiques (1633).

FLAMMARION. — Lumen.

FLEURY. — Clé du taquin (Marseille, 1880).

FONTENELLE. — Entretiens sur la pluralité des mondes.

FOUCHER. — La géométrie métaphysique.

La géométrie en vers techniques.

GUYOT. — Nouvelles récréations mathématiques.

DU HAYS. — Sur le jeu du loto.

JACOBY. — Henri Mondeux.

DE LABOURDONNAYE. — Traité du jeu des échecs (1833).

LAQUIÈRE. — Géométrie de l'échiquier. -

LAISANT. — Géométrie des quinconces.

DE LA LANDELLE. — Phylon Binôme.

LEIBNITZ. — Arithmétique binaire.

ÉDOUARD LUCAS. — Récréations mathématiques (2 vol. en attendant les suivants).

LUYA. — Amusements arithmétiques et algébriques à la campagne (Genève, 1799).

MASCHERONI. — La géométrie du compas.

LE P. MERSENNE. — Questions inouyes (1633).

DE MIRVAL. — Théâtre scientifique.

MYDORGE. — Récréations mathématiques.

OZANAN. — Récréations mathématiques (4 vol.).

DE POLIGNAC. — Sur la course du cavalier au jeu des échecs.

REISS. — Combinaisons au jeu des 28 dominos.

STOMMA. — Les échecs.

STUPUY. — Œuvres philosophiques de Sophie Germain.

TARNIER. — Le langage des nombres.

Trois livres d'arithmétique de Tahiti, en langue indigène (Oahu, 1836).

THOMSON. — La géométrie sans axiomes.

VINOT. — Récréations mathématiques.

WEIGEL. — Arithmétique tétractique.

H. DE WRONSKI. — Technie de l'algorithmie (1814).

INDEX

Cette table analytique comprend les noms de choses et ceux de *personnes*, ces derniers en italique. On pourra ainsi suivre le même sujet dans tout le livre, en se reportant aux divers renvois.

TABLE

Librairie NONY & Cie, rue des Écoles, 17, à Paris.

JOURNAL

DE

MATHÉMATIQUES

ÉLÉMENTAIRES

(13me année)

PUBLIÉ PAR

H. VUIBERT

Le *Journal de Mathématiques élémentaires* a pour but de développer chez les jeunes gens le goût des mathématiques et de leur en faciliter l'étude.

Les étudiants en mathématiques trouvent dans cette publication les problèmes les plus propres à exciter leur curiosité et à éveiller leur imagination. Ils y font insérer eux-mêmes ce qu'ils produisent de meilleur. Le journal ouvre ainsi entre tous ses jeunes abonnés un concours général permanent qui, en stimulant les efforts de chacun, favorise les progrès de tous.

Cette publication sert aussi à donner aux jeunes gens une idée bien nette de ce que sont les examens qui ouvrent les portes des diverses écoles et de la plupart des carrières. Les sujets donnés à ces examens ou concours sont tous reproduits fidèlement dans le *Journal de Mathématiques élémentaires*, avec les développements qui peuvent intéresser les candidats. Nous citerons notamment, les sujets de concours pour l'admission aux Ecoles suivantes:,

Apprentis mécaniciens des équipages de la flotte. — Arts et Métiers. — Centrale. — Forestière. — Hautes études commerciales. — Institut agronomique. — Mines de Saint-Etienne. — Navale. — Normale secondaire de Sèvres. — Normale spéciale de Cluny. — Normale supérieure. — Normale supérieure de Saint-Cloud. — Normale supérieure de Fontenay-aux-Roses. — Physique et chimie industrielles. — Polytechnique. — Ponts et chaussées (cours préparatoires). — Ponts et chaussées (places d'élèves externes). — Professionnelle supérieure des postes et des télégraphes. — Saint-Cyr. — Vétérinaires.

On trouve également dans le *Journal de Mathématiques élémentaires* l'ensemble des sujets donnés aux examens du Baccalauréat ès sciences et du Baccalauréat de l'enseignement spécial dans toute la France, ainsi que des sujets d'examens et de concours étrangers.

Chaque numéro se compose de huit pages in-4°, à deux colonnes. Il paraît un numéro le 1er et le 15 de chaque mois, sauf pendant les mois d'août et de septembre.

Prix de l'abonnement annuel: FRANCE, **5 fr.** ETRANGER, **6 fr.**
Prix de la collection complète (réimprimée) des 12 premières années : **65 fr.**

A quelque époque de l'année que l'on s'abonne, on reçoit tous les numéros parus depuis le 1er octobre précédent.